Verbindlichkeit und Pluralität

Veröffentlichungen der
Rudolf-Bultmann-Gesellschaft für
Hermeneutische Theologie e. V.

Verbindlichkeit und Pluralität

Die Schrift in der Praxis des Glaubens

Herausgegeben von Christof Landmesser
und Enno Edzard Popkes

EVANGELISCHE VERLAGSANSTALT
Leipzig

Bibliographische Information der Deutschen Nationalbibliothek
Die Deutsche Nationalbibliothek verzeichnet diese Publikation in der Deutschen Nationalbibliographie; detaillierte bibliographische Daten sind im Internet über http://dnb.dnb.de abrufbar.

Printed in Germany · H 7873

Das Buch wurde auf alterungsbeständigem Papier gedruckt.

Cover: Kai-Michael Gustmann, Leipzig
Satz: Swantje Rinker, Kiel
Druck und Binden: Hubert & Co., Göttingen

ISBN 978-3-374-04048-3
www.eva-leipzig.de

Vorwort

Die Frage nach Verbindlichkeit und Pluralität des biblischen Kanons in der Praxis des Glaubens kann niemals abschließend beantwortet werden kann. Sie muss angesichts sich wandelnder gesellschaftlicher und kultureller Herausforderungen immer wieder von neuem gestellt und reflektiert werden. Die in diesem Band veröffentlichten Beiträge erschließen zu dieser Frage ganz unterschiedliche Diskursfelder. Der Sammelband dokumentiert die Erträge der 16. Jahrestagung der Rudolf-Bultmann-Gesellschaft für Hermeneutische Theologie e.V., die vom 24. Februar bis 26. Februar 2014 in der Evangelischen Tagungsstätte Hofgeismar stattfand und die sich dem Themenfeld »Verbindlichkeit und Pluralität. Die Schrift in der Praxis des Glaubens« widmete. An dieser Stelle möchten wir den Referentinnen und Referenten für die ebenso konstruktive wie kommunikativ kompetente Gesprächsatmosphäre danken, wie auch der großen Zahl von Teilnehmerinnen und Teilnehmern der Tagung, die aus unterschiedlichen kirchlichen und universitären Aufgabenfeldern herkommend sich an der Diskussion beteiligten. Die im Folgenden dargebotenen Texte sind das Ergebnis dieses konstruktiven Gesprächs.

Über die erwähnten Beiträge hinaus wird in einem Anhang eine Bibliographie der letzten Schriften von Walter Schmithals veröffentlicht, für deren Erstellung wir Bernd Wildemann und Eckhard Plümacher herzlich danken. Wir bedanken uns ferner bei den Mitarbeiterinnen, welche die Druckvorlage des Bandes in gewohnt souveräner Weise angefertigt haben, nämlich Swantje Rinker und Stefanie Christine Hertel (jeweils Kiel). Ebenso sind die Mitarbeiterinnen und Mitarbeiter der Evangelischen Verlagsanstalt Leipzig dankend zu erwähnen. Unser besonderer Dank gilt wieder der Verlagsleiterin, Frau Dr. Annette Weidhas, die ganz unkompliziert auch nach dem Wechsel in der Mitarbeiterschaft der Rudolf-Bultmann-Gesellschaft die Drucklegung ermöglicht hat.

Tübingen und Kiel im Oktober 2014
Christof Landmesser
Enno Edzard Popkes

Inhalt

Einleitung

Die biblischen Schriften reden in einer großen Vielfalt vom Gottes- und Christusglauben. Sie sind über viele Jahrhunderte hinweg entstanden, sie entstammen unterschiedlichen kulturellen Umgebungen und wurden von Menschen verschiedenster Herkunft geschrieben, bearbeitet und überliefert. Die historische Vielfalt der biblischen Schriften ist kaum übersehbar. Dennoch haben die biblischen Texte bis heute einen besonderen Rang in der christlichen Tradition, wie es auch die reformatorische Wendung *sola scriptura* zum Ausdruck bringt. In der Praxis der glaubenden Menschen und für das Handeln im Raum der Kirchen werden sie oft mit dem Anspruch besonderer Autorität und Verbindlichkeit eingesetzt und in Erinnerung gebracht. Die notwendige historische Betrachtung dieser heterogenen Texte macht es schwer, eine mit den biblischen Schriften gegebene Verbindlichkeit als selbstverständlich anzunehmen. Zumindest muss eine solche gut begründet werden.

Einer behaupteten, erfahrenen oder auch nur erwünschten Verbindlichkeit steht eine mehrfache Pluralität gegenüber. Zu der Vielfalt der Schriften kommen die unterschiedlichen Auslegungsweisen in der Geschichte und in der jeweiligen Gegenwart hinzu. In einer sich immer mehr ausdifferenzierenden Welt werden auch die Umgangsweisen mit den biblischen Texten pluralisiert. Lange behauptete oder auch vorausgesetzte Verbindlichkeiten verlieren ihre Plausibilität und müssen neu formuliert werden. Verbindlichkeit und Pluralität schließen sich gegenseitig nicht aus. Beide Pole müssen im Umgang mit den biblischen Schriften aber erst verstanden und für die je eigene Praxis beschrieben werden. An Themen, die in den biblischen Texten selbst zu finden sind oder die aus der gegenwärtigen Praxis des Glaubens entwachsen, kann dieses Verhältnis genauer bestimmt werden.

Wie kann angesichts dieser inneren Pluralität des biblischen Kanons dessen Verbindlichkeit in einer ihrerseits pluralen Gegenwart gedacht und praktiziert werden? Dieser Fragestellung widmete sich die 16. Jahrestagung der Rudolf-Bultmann-Gesellschaft für Hermeneutische Theologie, deren Erträge im vorliegenden Sammelband dokumentiert sind. Dem prinzipiellen Anliegen der Rudolf-Bultmann-Gesellschaft entsprechend wurde das skizzierte Themenfeld aus unterschiedlichen wissenschaftlichen und kirchenpolitischen Zugangsperspektiven analysiert.

Die daraus entstandene Textsammlung wird eröffnet durch den Beitrag des Berliner Dogmatikers Notger Slenczka ›Historizität und normative Autorität der

Schrift. Ein neuer Blick auf alte Texte‹ (S. 13–36), welcher die dogmengeschichtlichen und systematisch-theologischen Grundprobleme der eingangs skizzierten Fragestellungen aufzeigt. Nach prinzipiellen Vorbemerkungen zum Umgang mit schriftlichen Zeugnissen der antiken Geisteswelt nimmt der Autor das zuweilen spannungsvolle Verhältnis in den Blick, welches zwischen dem historischen Sinn eines biblischen Textes und jenen theologischen Ansprüchen entstehen kann, die gegenwärtige Rezeptionszusammenhänge prägen. Nachdem mögliche Ursachen solcher Spannungsverhältnisse aufgezeigt werden, erläutert N. Slenczka, inwieweit rezeptionsästhetische bzw. rezeptionshermeneutische Konzepte diesbezüglich zu einer Vermittlung beitragen können. Vor diesem Hintergrund werden die themenspezifisch relevanten hermeneutischen Konzeptionen zweier Autoren genauer betrachtet. Hierbei handelt es sich einerseits um Augustinus, dessen Konzeption sowohl für römisch-katholische als auch für reformatorische Diskurse konstitutiv sind. Andererseits möchte der Autor darlegen, inwieweit bereits Rudolf Bultmann Einsichten von Augustinus in einer Weise aufnehmen und entfalten konnte, die es von neuem zu würdigen gilt.

Daraufhin wählt Hendrik Munsonius (Göttingen) in seinem Beitrag ›Das *Jus liturgicum* zwischen Verbindlichkeit und Pluralität‹ (S. 37–52) einen Zugang, der konkrete kirchenrechtliche Herausforderungen in den Vordergrund des Interesses stellt. Ausgehend von der Grundüberzeugung, dass der »Gottesdienst ... das Zentralgeschehen der christlichen Kirche« (S. 37) darstellt, fragt Munsonius danach, wie sich das Phänomen der inneren Pluralität der biblischen Traditionen und das Postulat einer schriftgemäßen Gestaltung gottesdienstlicher Praxis im *Jus liturgicum* wiederspiegelt. Dabei wird zunächst analysiert, in welchem Verhältnis die unterschiedlichen Formen der Autoritäten bzw. Autoritätsbereiche des biblischen Kanons, der Bekenntnisschriften und des Kirchenrechts stehen. Vor diesem Hintergrund betrachtet er, inwieweit konkrete Modifikationen bzw. Reformen liturgischer Vollzugsformen sich wandelnde Verständnisse einer Verbindlichkeit und Pluralität der Schrift erkennen lassen.

Auf diese einleitenden systematisch-theologischen und kirchenrechtlichen Beobachtungen folgen drei Beiträge, die sich exegetischen Zugangsperspektiven widmen. Der Frage der inneren Pluralität biblischer Texte widmet sich die Alttestamentlerin Melanie Köhlmoos (Frankfurt) in ihrem Beitrag ›»Weil Gott die wunderbare Vielfalt liebt.« Die Pluralität biblischer Texte als theologische Aufgabe‹ (S. 53–65). Dabei fokussiert sie einen größeren Textbereich, an dem die Dimensionen der oben genannten Fragestellungen in besonderem Maße veranschaulicht werden können, nämlich die biblischen Schöpfungserzählungen (Gen 1–3). Es ist religionsgeschichtlich bzw. literarkritisch betrachtet unstrittig, dass in diesem Zusammenhang unterschiedliche kosmologische Vorstellungshorizonte miteinander in Beziehung gesetzt wurden, die nicht als eine logisch-konsistente Größe verstanden werden können. Für die skizzierten Leitfragen des vorliegenden Bandes bieten sich diese Bezugspunkte in besonderem Maße an, insofern sie bereits im Kontext der facettenreichen frühjüdischen Theologiegeschichte divergente Interpretationen erfahren konnten (vgl. die entsprechenden Züge der deuterokanonischen Schrift Jesus Sirach, des apokryphen Jubiläenbuchs bzw. der kosmologischen Konzeptionen in den Antiquitates Judaicae des jüdischen Historikers Flavius Josephus). Im Anschluss an diese vorkritischen Auslegungsmodelle erläutert die Autorin, inwieweit die Geschichte historisch-kritischer Analysen von Gen 1–3 die Herausforderungen und Potentiale des Umgangs mit der inneren Pluralität biblischer Traditionen zu Tage treten lässt.

Eine völlig andere thematische Zugangsperspektive wählt der Tübinger Neutestamentler Michael Theobald. In seinem Beitrag ›»Bist du der Messias, der Sohn des Hochgelobten?« (Mk 14,61). Zur Bedeutung des Psalters als Matrix der neutestamentlichen Passionserzählungen‹ (S. 67–92) widmet er sich einer der kontroversesten Fragestellungen neutestamtlicher Forschungen, nämlich inwieweit die Anfänge hochchristologischer Deutung der Person Jesu bereits einen Anhalt an den Worten und Taten Jesu selbst haben bzw. inwieweit sie erst auf nachösterliche Gemeindetraditionen bzw. auf das Wirken des Paulus zurückgeführt werden können. Als Diskussionsgrundlage innerhalb der Evangelientraditionen wählt der Autor die synoptischen Erzählungen vom Prozess Jesu, da die entsprechenden Überlieferungen auf engstem Raum gleich mehrere zentrale Begriffe und Motive bieten, die für die weitere Entwicklungsgeschichte christologischer Reflexionen von konstitutiver Bedeutung sein sollten. M. Theobald demonstriert dabei, in welcher Weise diese Texte die plurale frühchristliche Rezeption und Interpretation eines Textkorpus der jüdischen Bibel veranschaulichen, der auch für spätere Deutungen der Worte und Taten Jesu von besonderer Bedeutung werden sollte, nämlich der Psalter.

Die Frage nach der Pluralität frühchristlicher Traditionsbildungen steht auch im Zentrum des Interesse des Beitrags von Enno Edzard Popkes (Kiel), der forschungsgeschichtlich im Übergangsbereich neutestamentlicher und patristischer Debatten verortet werden kann. Im Zeichen des Titels ›»Eingefrorene Streitgespräche« – Schrifthermeneutik als Kristallisationspunkt frühchristlicher Trennungsprozesse‹ (S. 93–111) erläutert er, inwieweit theologische Diskussions- bzw. Trennungsprozesse, die sich im Spektrum neutestamentlicher Schriften andeuten, präziser erfasst werden können, wenn deren weitere Entwicklungen in die Diskussion einbezogen werden, die in außerkanonischen Schriften des frühen Christentums überliefert werden. Dem Anliegen des vorliegenden Bandes entsprechend wird dabei besonders darauf geachtet, in welcher Weise in diesen Prozessen mit Rekursen bzw. Interpretationen kanonischer bzw. kanonisch werdender Texte argumentiert wird. Als Bezugspunkte werden dabei zwei Diskursfelder betrachtet, in denen sich jeweils massive Spannungen innerhalb der frühchristlichen Theologiegeschichte beobachten lassen: die Diskurse um sogenannte judenchristliche und gnostische Schulbildungen.

Im Anschluss an diese biblisch-exegetischen bzw. patristischen Studien wird von Thomas Schlag (Zürich) wiederum die Bedeutung des Leitthemas für die konkrete kirchliche und gesellschaftliche Praxis in Augenschein genommen (›Anknüpfung und Widerspruch. Die Rede von der Schriftgemäßheit als Herausforderung gegenwärtiger Praktischer Theologie‹ [S. 113–128]). Nachdem er zunächst thematisiert, was der Begriff ›Schriftgemäßheit‹ prinzipiell bezeichnen kann, bietet er verschiedene Beispiele aus dem Bereich der Entwicklungsgeschichte reformatorischer Theologie und gegenwärtiger kirchlich-praktischer Verlautbarungen, bei denen die Frage nach einer angemessenen Rezeptionen biblischer Texte und der ihnen zuzuordnenden Autorität zu Tage treten. Daraufhin legt er dar, inwieweit sich in gegenwärtigen praktisch-theologischen Konzepten geradezu ein »biblical turn« beobachten lässt. Vor diesem Hintergrund erläutert T. Schlag, in welcher Form er selbst im Zeichen eines »freiheitlichen Schriftgebrauchs« (vgl. S. 123) Praktische Theologie als »Freiheitslehre« verstehen möchte und welche kirchenpraktischen Konsequenzen eine solche Konzeption haben kann.

Mit allen Beiträgen wird die Frage nach dem Verhältnis von Verbindlichkeit und Pluralität im Umgang mit den biblischen Texten in einem gesamttheologischen Gespräch diskutiert.

Christof Landmesser und Enno Edzard Popkes

Historizität und normative Autorität der Schrift

Ein neuer Blick auf alte Texte

Notger Slenczka

0. Drei Vorbemerkungen

0.1 Umgang mit alten Texten

Theologie – die historische wie die gegenwartsorientierte – ist ein Umgang mit alten Texten. Diese alten Texte sprechen nicht von sich aus, sondern nur dann, wenn sie einen Dialogpartner haben, der nicht nur wissen will, was die Texte in einer vergangenen Dialogsituation gesagt haben, sondern was sie je ihm oder ihr zu sagen haben. Vor einem solchen Blick gewinnen sie eine Leuchtkraft, die man ihnen nicht zugetraut hätte.

Diese hermeneutische Einsicht wiederum ist nicht neu, sondern selbst eine in alten Texten aufbewahrte Erkenntnis. Sie profiliert sich, wenn man diese Texte ins Gespräch bringt mit gegenwärtigen Bemühungen um das Verstehen von Texten; denn auch der Blick, den ein gegenwärtiger Leser auf diese alten Texte wirft, ist einerseits geleitet von gegenwärtigen Texten und den darin gewonnenen Einsichten, die in komplexer Weise in der Wirkungsgeschichte der alten Texte stehen; zum anderen ist der Blick in die alten Texte geleitet durch ein Verhältnis zur Sache des Verstehens – wir verstehen es bereits, Texte oder sonstige Lebensäußerungen anderer[1] zu verstehen, bevor wir dieses Verstehen thematisieren und eigens reflektieren. Die Texte, ältere wie neuere, sind dann interessant, wenn sie uns dieses ›immer schon‹ Verstandene bzw. Gekonnte[2] erschließen. Man hätte daher die den Blick auf die alten Texte leitende Frage auch so formulieren können: »Was passiert eigentlich, wenn wir einen Text verstehen?« Der Bezug auf die ›Normativität‹ im

---

[1] Es gehört zu den Besonderheiten der von Schleiermacher ausgehenden und über die neukantianische Tradition geführten Hermeneutik, dass sie das Verstehen von Texten in den Kontext des Verstehens fremder Lebensäußerungen insgesamt stellt und in diesem Zusammenhang behandelt – vgl. FRIEDRICH DANIEL ERNST SCHLEIERMACHER, Vorlesungen zur Hermeneutik und Kritik, hrsg. v. WOLFGANG VIRMOND, KGA II, 4, Berlin u.a. 2012, hier die Nachschrift des Kollegs von 1819 durch Ludwig Jonas, 193–353, hier 194–203; WILHELM DILTHEY, Der Aufbau der geschichtlichen Welt in den Geisteswissenschaften, Frankfurt 1981, 233–272.

[2] MARTIN HEIDEGGER, Sein und Zeit, Tübingen [15]1979, 143 und Kontext, dazu 11–15.

Obertitel freilich gibt der Frage nach dem Verstehen einen Beiklang; es geht damit darum, dass ein Text bestimmend wird, um das ›Verstehen‹ im Sinne von ›Einleuchten‹, also um die Frage: »Was passiert eigentlich, wenn uns ein Text einleuchtet?« Denn nur dann gewinnt er wirklich normative Kraft. Ein normativer Anspruch, der nicht einleuchtet, bleibt eine rein prätendierte Norm - selbst wenn das Subjekt, das ihm ausgesetzt ist, sich ihm unterwirft. Wirkliche normative Autorität hat das Einleuchten zur Voraussetzung. Darum - um die Frage, wie es zum Verstehen im Sinne von ›Einleuchten‹ kommt - soll es im Folgenden gehen.

0.2 ›Einleuchten‹

Zweite Vorbemerkung: Dass ein Text ›einleuchtet‹, geht über das hinaus, was eine Feststellung seines historischen Sinnes erreichen kann; das gilt auch für biblische Texte. Die Feststellung des historischen Sinns der Texte bringt diese meistens nicht nahe, sondern macht sie fremd.[3] Hier ist eine gewisse Kluft zwischen der Dogmatik einerseits und der historischen Exegese befestigt: Wenn es der Dogmatik um den gegenwärtigen Wahrheitsanspruch der biblischen Texte und der christlichen Tradition geht, dann ist ihr mit dem, was die gegenwärtige Exegese bietet, nicht immer geholfen. So wird beispielsweise die Diskussion um die ›New Perspective on Paul‹ in der neutestamentlichen Exegese vielfach mit dem Gestus geführt, dass es darum gehe, die ursprüngliche Intention des Paulus gegen interpretatorische Verzeichnungen der Reformationszeit oder des 19. Jh.s zur Geltung zu bringen - und dann wird der neu verstandene Text auf die Gegenwart angewendet und festgestellt, dass es in der Rechtfertigungsbotschaft des Paulus eben nicht um den individuellen Sünder vor Gott gehe, sondern um den Widerspruch gegen die Auszeichnung der Zugehörigkeit zum Judentum als Bedingung der Zugehörigkeit zu Gott; entsprechend sei gegenwärtig die Rechtfertigungsbotschaft eine Instanz gegen Rassismus, Sexismus und Ethnizismus - so etwa James Dunn.[4] Mit dieser kritischen Beschreibung geht es nicht um die billige Feststellung, dass dieser Anspruch des Zuganges zum ›Text selbst‹ hermeneutisch suboptimal ist, sondern darum, dass die normative Autorität des Textes vorausgesetzt wird und der Exeget davon auszugehen scheint, dass die Botschaft des Paulus - egal, wie sie inhaltlich lautet - autoritativ verbindlich ist: Verbindlich ist sie; es muss nur noch festgestellt werden, was genau sie sagt und wie genau sie gemeint ist. Dass die Autorität und Verbindlichkeit der paulinischen Rechtfertigungsbotschaft an der existenzerschließenden Kraft - an der Fähigkeit, einzuleuchten - hängen könnte, die dieser Botschaft im Laufe ihrer Wirkungsge-

---

[3] RUDOLF BULTMANN, Geschichte und Eschatologie, Tübingen 1964, 126–137, bes. 133ff.

[4] Dazu mit Nachweisen: NOTGER SLENCZKA, Die neue Paulus-Perspektive und die Lutherische Theologie, in: LuJ 80 (2013), 184–196, 191f.

schichte eben auch durch Augustin, Luther, die anderen Reformatoren und durch die theologische Deutung des 19. Jh.s zugewachsen ist, kommt hier nicht in den Blick.

0.3 Damit zum Vorgehen im Folgenden

Die damit gestellte Frage nach dem Verhältnis von Verbindlichkeitsinteresse und historischer Arbeit setzt die Differenzierung der theologischen Disziplinen voraus, die wesentlich im 19. Jh. sich vollzogen hat. Hier ergaben sich Spannungen zwischen Wahrheitsinteresse und historischer Arbeit,[5] die ich im ersten Teil des Referats (1.) thematisiere: Ich werde zunächst einen rezenten Vorschlag zur Pazifizierung dieser Spannungen skizzieren (1.1), werde dann den theologischen Grund dieser Spannungen identifizieren (1.2), um schließlich einen weiteren in jüngerer Zeit diskutierten Vorschlag zum Umgang mit diesen Spannungen zu umreißen, nämlich die sogenannte Rezeptionsästhetik bzw. -hermeneutik (1.3). Es wird sich in diesem Teil des Referats ein Problem zeigen, mit dem ich mich in einem zweiten Schritt beschäftigen will (2.); ich werde vorschlagen, für den Umgang mit diesem Problem sich auf eine Einsicht Augustins zu besinnen, deren Relevanz für das Verhältnis von Exegese und Dogmatik bereits Bultmann erfasst hat[6] – und letztlich ist mein Anliegen das Werben für eine nach meinem Eindruck in der gegenwärtigen Diskussion in den Hintergrund getretene Einsicht Bultmanns.[7]

1. Historischer Sinn und gegenwärtiger Anspruch

Ich setze ein mit einem Blick auf eine dogmatische Position, die das Verhältnis von Wahrheitsanspruch und historischer Exegese durch eine Kastration der Exegese zu lösen sucht, nämlich mit der Position Benedikts des XVI. und mit der Perspektive auf die exegetische Forschung, die er in seinem Jesusbuch formuliert (1.1).[8] Der Abschnitt zielt darauf, die ursprüngliche Einsicht in

---

[5] Dazu: JÖRG LAUSTER, Prinzip und Methode, Tübingen 2004.

[6] Dazu: GÜNTER KLEIN, Rudolf Bultmann – ein unerledigtes Vermächtnis, in: ZThK 94 (1997), 177–201; dazu auch ULRICH KÖRTNER, Theologie des Wortes Gottes, Göttingen 2001, 244 und Kontext.

[7] Der Text wurde als Vortrag gehalten. Ich habe nur die Formelemente eines Vortrages, die beim Lesen des Textes stören würden, überarbeitet, habe aber im Gedankenduktus und im Bemühen um Elementarisierung das Genus des Vortrages nicht zu verleugnen gesucht.

[8] JOSEPH RATZINGER, Jesus von Nazareth. Erster Teil [I]: Von der Taufe am Jordan bis zur Verklärung, Freiburg 2007; Zweiter Teil: Vom Einzug in Jerusalem bis zur Auferstehung, Freiburg 2011; Prolog: Die Kindheitsgeschichten, Freiburg 2012; dazu: KARL LEHMANN (u.a.), ›Jesus von Nazareth‹ kontrovers. Rückfragen an Joseph Ratzinger, Münster ²2007;

Erinnerung zu rufen, die dem Rekurs auf die Schrift im Protestantismus ebenso wie der historisch-kritischen Arbeit zugrunde lag (1.2).

1.1 Joseph Ratzinger

Joseph Ratzinger bzw. Benedikt XVI. setzt sich in seinem Jesusbuch die Aufgabe, die dogmatische Christologie mit den Ergebnissen der Rückfrage nach dem historischen Jesus zu versöhnen.

1.1.1 Das Recht und die Grenze der historischen Forschung

Ratzinger setzt daher ein mit der Frage nach dem theologischen Ort der historischen Forschung. Er hält zunächst fest, dass die historische Rückfrage unverzichtbar sei, weil es dem christlichen Glauben wesentlich ist, dass er sich auf ein historisches Ereignis - die Menschwerdung Gottes in Jesus von Nazareth - bezieht.[9] Die historische Methode allerdings habe natürliche Grenzen, an denen sie ihrem eigentlichen Sinn nach über sich selbst hinausweise[10] - und dieser Gedanke ist hermeneutisch nicht ganz uninteressant: Er weist zum einen darauf hin, dass gerade die historisch gelesene Schrift, die also hinter den kanonischen Text zurück nach dessen Entstehungsgeschichte frage, das Bild eines Traditionsprozesses vermittle, in dessen Verlauf in immer neuen Reinterpretationen alte Texte in neuen Situationen gelesen und appliziert werden; die christologische Deutung der alttestamentlichen Texte sei ein solcher Vorgang der Relektüre und des Sinnzugewinns.[11] Der Papst nimmt damit hermeneutische Ansätze auf, die ursprünglich von protestantischen Theologen vertreten wurden - die Fortschreibungsthese von Gerhard von Rad ebenso wie den canonical approach von Brevard Childs;[12] Ratzinger kommt es auf dieser Stufe seiner Überlegungen zunächst nur darauf an, neben die Befragung des kanonischen Textes auf seine Vorstufen hin einen gegenläufigen methodischen Schritt zu stellen, nämlich die Rekonstruktion des Weges von diesen Vorstufen zum kanonischen Text und das Lesen der Texte von diesem

---

THOMAS SÖDING (Hg.), Das Jesus-Buch des Papstes. Die Antwort der Neutestamentler, Freiburg 2007; DERS. (Hg.), Tod und Auferstehung Jesu, Freiburg 2011.

[9] RATZINGER, Jesus I (s. Anm. 8), 13f.

[10] A.a.O. I (s. Anm. 8), 14-20, hier bes. 16f.; 18f.

[11] A.a.O. I (s. Anm. 8), 13f.

[12] V. Rad wird so wenig wie Childs oder verwandte Ansätze explizit genannt (vgl. aber 17f. die Anspielung auf B.S. Childs). Vgl. zur sachlichen Übereinstimmung neben der v. Radschen Theologie des AT: GERHARD VON RAD, Offene Fragen im Umkreis einer Theologie des AT, in: DERS., Gesammelte Studien zum Alten Testament II, München 1973, 289-312.

wirkungsgeschichtlichen Kontext her, in den sie nun eingefügt sind.[13] Der einzelne Text hat im Laufe seiner Überlieferungsgeschichte seinen Platz im Kanon gefunden und ist nun als Text im Kanonzusammenhang zu interpretieren – das sei der eigentliche Sinn historischer Arbeit.

1.1.2 Die Kirche als Autor und Interpret

Nun liegt hier natürlich ein Problem: Es ist in der gegenwärtigen Exegese durchaus strittig, ob und in welchem Sinne beispielsweise die christliche Deutung der alttestamentlichen Texte im Rahmen einer kanonischen Einheit mit dem NT einen legitimen Umgang mit den Texten darstellt oder nicht vielmehr eine Überfremdung des ursprünglichen historischen Sinnes, der nur durch einen konsequent religionsgeschichtlichen Zugriff vermieden werden kann.[14] Damit besteht die Möglichkeit, dass der Sinn, den der Text im Kanon gewinnt, der Absicht des ursprünglichen Autors widerspricht. Ratzinger sieht das Problem und geht mit ihm um, indem er darauf hinweist, dass die Autoren der jeweiligen Texte nicht einfach als Individuen schreiben, sondern als Angehörige einer Geschichte, die über die Individuen und über deren partikulare Situation hinausgeht und diese trägt.[15] Ratzinger hebt damit nicht einfach auf den Zusammenhang der Heilsgeschichte ab, sondern darauf, dass die Autoren und Tradenten der biblischen Texte – des NT und des AT – Glieder eines Kollektivs sind, der Kirche nämlich; sie nun stellt als ein die Zeiten übergreifendes Kollektivsubjekt die Instanz dar, die eigentlich den Sinn der Texte generiert. Die eigentliche Autorin der Texte in allen ihren Stufen ist die Kirche. Das hat für Ratzinger die Pointe, dass diese Zugehörigkeit des Autors zu einer die Zeiten übergreifenden Heilsgemeinschaft und das Bestimmtsein des Autors von der in der Geschichte dieser Heilsgemeinschaft wirkenden Kraft – des Heiligen Geistes – eben die Feststellung erlaubt, dass die Relektüre eines Textes in der Geschichte dieser Gemeinschaft dem Text keinen fremden Sinn aufnötigt. Vielmehr entfaltet der so durch Reinterpretation eines ursprünglichen Textes gewonnene Sinn genau das und bringt es ausdrücklich zur Geltung, was dem ursprünglichen Autor möglicherweise *als individuellem Subjekt* gar nicht bewusst, von eben diesem Autor aber *als Teil des Kollektivsubjekts der Kirche* durchaus gemeint war. Am Beispiel: Wen auch immer der historische Verfasser des vierten Gottesknechtsliedes vor Augen hatte – die kirchliche Rezeption im NT bringt den eigentlichen Sinn des Textes zur Geltung, der bereits im Text, dem Autor selbst möglicherweise verborgen, gemeint war.

---

[13] Ratzinger, Jesus I (s. Anm. 8), 17f.

[14] Rainer Albertz, Religionsgeschichte Israels statt Theologie des Alten Testaments!, in: Ingo Baldermann (Hg.), Religionsgeschichte Israels oder Theologie des Alten Testaments? (JBTh 10), Neukirchen 1995, 3–24, hier 23.

[15] Ratzinger, Jesus I (s. Anm. 8), 18–20.

Ratzinger gewinnt so der Lehre vom vierfachen Schriftsinn einen seiner Meinung nach guten Sinn ab: Der jeweilige Text bzw. die jeweilige Textstufe sei Träger eines über ihren *sensus historicus* hinausgehenden Sinnes, der dennoch keine Eintragung, sondern ein genuiner Sinn des Textes selbst ist.[16] Wenn auch die christologische Rezeption eines alttestamentlichen Textes im Neuen Testament nicht das zur Geltung bringt, was dem historischen Autor als Individuum bewusst war, so doch den eigentlichen Sinn des Textes, den der Autor als Teil der Kirche in den Text legte.

Damit ist natürlich nicht nur das Verhältnis des historischen Sinnes der im Text greifbaren Vorstufe eines Textes zu seiner Endgestalt theologisch integriert, sondern zugleich das Verhältnis von Textsinn und Auslegung im Laufe der Dogmen- und Theologiegeschichte umrissen: Der interpretierende Umgang der gegenwärtigen Kirche mit der Schrift, der etwa an den Ergebnissen der Konzilien von Nizäa bis zum 2. Vatikanum normiert ist, trägt nicht einfach in einen Text aus einer bestimmten Rezipientenperspektive Einsichten ein, die dem ursprünglichen Autor und seinem Text völlig fremd sind, sondern die über die Einsicht des historischen Autors hinausgehende Deutung der Kirche bringt den eigentlichen Sinn, den der Text als Produkt der Kirche hat, zur Geltung.[17] Das stellt den Exegeten vor die Aufgabe, den biblischen Autor nicht nur als Individuum und seinen Text nicht nur als Einzelwerk wahrzunehmen, sondern den Autor als Teil der Kirche und den Text als Teil des Kanons und der kirchlichen Tradition zu deuten, die letztlich im verbindlichen kirchlichen Lehramt zur Sprache kommt. Diese verbindliche kirchliche Interpretation legt nach Ratzinger keinen fremden Sinn in den Text, sondern erhebt den ursprünglichen Sinn; und es erfasst auch der Ausleger der Texte nur dann den eigentlichen Textsinn, wenn er nicht als partikulares Subjekt, sondern im Sinne der Kirche und damit vom Kontext der Gesamtschrift und im Kontext der kirchlichen Lehre her die Texte auslegt.

1.1.3 Der Gewinn der Position

Diese in ihrer Geschlossenheit durchaus beeindruckende Position löst mit einem radikalen Schnitt ein Problem: Die historisch verfahrende Exegese sieht sich immer wieder zu der Feststellung gezwungen, dass die gegenwärtigen kirchlichen Lehrpositionen nicht in einem spannungsfreien Verhältnis zu den biblischen Texten stehen. Nach historischem Urteil stellen die biblischen Texte vielmehr gerade im Blick auf die Christologie einen vielstimmigen und zuweilen auch disharmonischen Chor dar, der in keinem eindeutigen Verhältnis zur Lehrformel von Konstantinopel oder von Chalcedon steht; und auch die

---

[16] Ratzinger, Jesus I (s. Anm. 8), 18f.; 20f.

[17] Ebd. Ratzinger folgt hier der Linie der Konstitution ›*Dei Verbum*‹ des Vat II: *Dei Verbum* 12 (DSH 4217–4219).

Frage, ob die Rechtfertigungstheologie Luthers der Intention des Paulus entspricht, ist zumindest strittig. Ratzinger geht mit diesem Problem eben so um, dass er von einer Vorordnung des Ganzen vor dem Teil ausgeht; der Autor ist nicht nur Individuum, sondern Teil der Kirche; sein Text nicht isoliert, sondern Teil des Gesamtzeugnisses des Kanons; der Kanon nicht selbständig, sondern Teil der kirchlichen Tradition, die ihn auslegt:[18] Es ist eben immer der Teil vom Ganzen her zu lesen.

1.2 Historische ›Kritik‹

Was allerdings nicht mehr recht verständlich ist, ist der Umstand, dass Ratzinger durchgehend von einer ›historisch-*kritischen*‹ Methodik der Exegese spricht.[19]

1.2.1 Der Gestus der historischen Kritik

Diese Gestalt des Umgangs mit den Texten hat ihren Namen daher, dass sie die Grundlagen des kirchlichen Dogmas hinterfragt – so etwa in Gablers »*De iusto discrimine biblicae et dogmaticae regundisque recte utriusque finibus*«[20] von 1787: Gabler geht es ja um eine Verhältnisbestimmung von exegetischer und dogmatischer Theologie mit der näheren Absicht, die Auslegung der Schrift als kritische Instanz zu etablieren gegenüber der Vielfalt positioneller Theologien, in die er die Dogmatik zerfallen sieht. Diese Vielfalt positioneller Theologien sieht Gabler bekanntlich darin begründet, dass zum einen die Schrift im Blick auf Text und Inhalt uneindeutig ist und dass die dogmatischen Interpreten daraufhin im Umgang mit der Schrift willkürlich verfahren: Jeder Dogmatiker klaubt, so Gabler, aus der Fülle der Aussagen der Schrift die Zitate heraus, die ihm gerade für seine theologische Sondermeinung passen.[21] Gabler beobachtet also, dass die kirchliche Rezeption den Eigensinn der Schrift zum Schweigen bringt und damit auch deren kritisches Potential, um das es der Reformation ging.

Die von Gabler entworfene Unterscheidung einer biblischen von einer dogmatischen Theologie soll diese willkürliche Vielfalt und Beliebigkeit dogmatischer Theologien eingrenzen und einem Kriterium unterstellen, nämlich

---

[18] Ratzinger, Jesus I (s. Anm. 8), 17.

[19] Etwa a.a.O. (s. Anm. 8), 14 unten u.ö.

[20] In: Johann Philipp Gabler, Opuscula academica 2, hrsg. v. Theodor August Gabler und Johann Gottfried Gabler, 2 Bde, Ulm 1831, hier II, 179–194; dt. Übersetzung in: Otto Merk, Biblische Theologie des Neuen Testaments in ihrer Anfangszeit. Ihre methodischen Probleme bei Johann Philipp Gabler und Georg Lorenz Bauer und deren Nachwirkungen, Marburg 1972, hier 273–284.

[21] A.a.O. (s. Anm. 20), 273f.

der Arbeit der historischen Theologie, die an einen methodisch erforschbaren Gegenstand gebunden ist und damit unbeliebig ist: »Jene [die biblische Theologie], da sie historisch argumentiert, ist, für sich betrachtet, sich immer gleich [...].«[22] Der historische Rückgriff von der Vielzahl der Interpreten der Schrift auf die Theologie der »heiligen Schriftsteller« selbst ist zunächst der Rückgriff auf ein der Willkür der Dogmatiker entzogenes, eindeutiges Fundament gegenwärtiger Theologie.

In diesem Programm macht sich natürlich ein reformatorisches Grundanliegen geltend: Zunächst das Anliegen, von den in sich zweifelhaften *traditiones humanae* auf die Schrift als Wort Gottes zurückzugreifen. Dieser dem Selbstverständnis der Reformation eigentümliche Gestus der Rückkehr zum ursprünglichen Wort Gottes in der Schrift ist unlöslich verknüpft mit dem Bewusstsein der Rückkehr zum Glauben der ersten und ursprünglichen, noch in der Lehre der Apostel bestehenden Kirche. Von dieser ursprünglichen Kirche wussten sich die Reformatoren durch keinen garstigen Graben getrennt, vielmehr waren sie davon überzeugt, dass sie in einer Einheit mit dieser Kirche stehen und in der Schrift den damals redenden Gott heute hören.

Der neuzeitlichen Exegese hingegen ist schon bei Gabler die Überzeugung, dass man es in der Schrift mit dem verbal inspirierten Wort des aktuell redenden Gottes zu tun hat, nicht mehr erschwinglich; dennoch ist der Gestus des Rückganges von den Streitereien der gegenwärtigen Dogmatik und später von den christologischen Dogmen auf die Schrift, und später im Zuge der Leben-Jesu-Forschung der Rückgang von den Aussagen des Paulus auf das in den Evangelien greifbare Zeugnis ›Jesu selbst‹ ursprünglich geleitet von der Erwartung, durch den Rückgang zu den Quellen zur ursprünglichen Wahrheit zu gelangen; es bestand die Erwartung, dort, bei den Ursprüngen, ein einheitliches, weniger kompliziertes, sachgemäßes und sich durch seine Einfachheit der eigenen Gegenwart erschließendes Bild Jesu und ein plausibles Gesicht des Christentums zu gewinnen;[23] es ging bei Gabler und es geht bei den folgenden Entwicklungen der historischen Methode um Kritik, um den Bruch mit der gegenwärtigen kirchlichen Verwertung der Schrift, aber doch um einen Bruch, der zu einer höheren Akzeptanz der christlichen Botschaft und zur Plausibilisierung des Kerns des Christlichen beitragen sollte.[24]

1.2.2 Der Rückgang auf die Schrift als Kritik der Rezeption

Jedenfalls aber verbindet sich mit dem reformatorischen ebenso wie mit dem neuzeitlich-historischen Rückgang auf die Schrift die Erwartung, im Rückgriff

---

[22] A.a.O. (s. Anm. 20), 276.

[23] Adolf von Harnack, Das Wesen des Christentums [1899], Leipzig 1902, 90–92 in Auswahl; kursiv im Orig. gesp.

[24] Lauster, Prinzip (s. Anm. 5), 415–421; vgl. Anm. 26.

auf die Texte zugleich auf ein Gebiet zu gelangen, das der menschlichen Willkür entzogen ist. Dies ist zugleich ein Hinweis darauf, dass aus theologischen Gründen die protestantische Exegese zunächst eine Affinität zu einem produktionsästhetischen Ansatz hat,[25] das heißt: Sie geht davon aus, dass es möglich ist, den den gegenwärtigen theologischen Interessen entzogenen Sinn des Textes selbst zu erfassen; der Sinn liegt nach diesem Ansatz im Text selbst; der Sinn eines Textes besteht in den Intentionen, die der Autor selbst bei der Abfassung unterhielt und verfolgte und der die gegenwärtige Rezeption normiert, der also von ihr erreicht oder verfehlt werden kann. Diese Intentionen und diese Aussageabsicht möglichst frei von an den Text herangetragenen gegenwärtigen Vorverständnissen festzustellen ist damit der ursprüngliche Anspruch historischer Forschung – dass die hermeneutische Diskussion der Gegenwart ein komplexeres Bild der Anliegen historischen Arbeitens zeichnet, notiere ich nur am Rande.[26] Dieser Anspruch tritt in Spannung zu den verfügenden Bezugnahmen auf die Texte im Dienste der Gegenwartsorientierung – etwa in der dogmatischen Lehrbildung.

Das ist langweilig, weil bekannt; diese Spannung hat aber eine weitere, unselbstverständliche Pointe, nämlich diese: Die biblische Exegese hat nach reformatorischem Verständnis ebenso wie nach dem Verständnis einer historisch-*kritischen* Arbeit immer den Charakter einer Durchbrechung. Sie setzt den kirchlichen, aneignenden Umgang mit den Texten voraus, die gottesdienstliche Lesung, in der die Texte wie auch immer als Anrede an die gegenwärtige Gemeinde in Anspruch genommen werden, und eine Verwendung der Texte als Tauf- und Trausprüche, als Medien des Zuspruchs in seelsorgerlichen Situationen, als Wegweisung für die persönliche Lebensführung, als Grundlage normativer Lehre. Der exegetische Umgang mit den Texten, soweit er nach der Genese und dem ursprünglichen Sinn der Texte fragt, entwindet die Texte dem Zugriff der gegenwärtigen Kirche. Dieser Anspruch, dass die Frage nach dem Sinn der Texte durch den Rückgang auf die Ursprungssituation der Texte beantwortet wird, hat sich weitgehend durchgesetzt: Am historischen Sinn der Texte muss sich das Interesse des kirchlichen Umgangs mit diesen Texten ausweisen.

---

[25] Vgl. auch KÖRTNER, Theologie (s. Anm. 6).

[26] Ich verweise nur im Sinne einer Andeutung auf: FERDINAND HAHN, Theologie des NT, 2 Bde., Tübingen [3]2011; dazu: JÖRG FREY u.a. (Hrsg.), Aufgabe und Durchführung einer Theologie des Neuen Testaments, Tübingen 2007; HANS WEDER, Neutestamentliche Hermeneutik, Zürich [2]1989. Reflexion der Hermeneutiken von Berger, Stuhlmacher, Schüssler-Fiorenza und Weder aus der Perspektive eines diskurshermeneutischen Ansatzes: STEFAN SCHOLZ, Ideologien des Verstehens, Tübingen 2008.

1.3 Rezeptionshermeneutik

Diese Voraussetzung ist aber in der neueren protestantischen Dogmatik nicht mehr unstrittig.

1.3.1 Grundanliegen

Die Aufnahme rezeptionsästhetischer Ansätze in der protestantischen Theologie - ich nenne nur die sehr unterschiedlichen Ansätze von Edgar McKnight, Klaas Huizing und Ulrich Körtner[27] - ist zunächst negativ motiviert durch den Eindruck, dass über der in der historischen exegetischen Arbeit leitenden Rückfrage nach dem Entstehungsprozess der biblischen Texte und nach dem ursprünglichen, historischen Sinn der Texte die Relevanz des Textes für die Gegenwart und die Perspektive des Exegeten völlig aus den Augen gerät.[28] Wenn ein Text seinen Sinn in der Produktionssituation hat und ausschließlich als Medium dient, auf die Aussageintention des Autors zurückzuschließen, dann droht das Verhältnis der Gegenwart zu diesem Text museal zu werden.

Ein rezeptionsästhetischer Ansatz geht zunächst einmal von der These aus, dass der Sinn eines Textes nicht in diesem selbst oder ›hinter‹ ihm in der Aussageintention des Autors liegt und sich durch den Rückgang auf die historische Autorintention erschließt; vielmehr ist der Text dem Autor gegenüber autonom und zu verstehen von seiner Funktion her, einen Lese- bzw. Rezeptionsprozess zu steuern. Für den Sinn eines Textes ist der Akt des Lesens konstitutiv. Der Sinn steht nicht vor dem Lesen fest, sondern entspringt in der Begegnung mit dem Text im Leser, weil Texte Medien sind, die auf bestimmte und nachvollziehbare Weise die Wahrnehmung eines Lesers steuern.

Damit verliert die Autorintention die normative Funktion für die Bestimmung des Textsinnes, und der Sinn eines Textes wird grundsätzlich plural.[29]

---

[27] EDGAR MCKNIGHT (ed.), Reader Perspectives on the New Testament, Atlanta 1989; KLAAS HUIZING, Homo legens, Berlin u.a. 1996; DERS. (Hg.), Lesen und Leben, Bielefeld 1997 (Beiträge von Klaas Huizing, Ulrich Körtner und Peter Müller); ULRICH KÖRTNER, Der inspirierte Leser, Göttingen 1994; DERS., Theologie (s. Anm. 6). Körtner freilich rezipiert die Rezeptionshermeneutik nur als Gegengewicht zu einer an der normativen Autorintention orientierten Exegese, plädiert aber letztlich mit Umberto Eco für eine Autonomie und Selbstdurchsetzung des Textes gegen den Autor einerseits und den Rezipienten andererseits (Theologie 296ff.; 320–328, hier bes. 327). Vgl. auch MICHAEL MOXTER, Schrift als Grund und Grenze von Interpretation, in: ZThK 105 (2008), 146–169, hier 166–168.

[28] Etwa: KÖRTNER, Theologie (s. Anm. 6), 296–346.

[29] Dies ist eine Weiterführung der ursprünglichen Anliegen einer leserorientierten Narratologie, die etwa Wolfgang Iser vorgelegt hat (WOLFGANG ISER, Der Akt des Lesens, München [4]1994): Ihm ging es nicht darum, dass sich erst im Leser der Textsinn konstituiert, sondern dass die Autorintention als Einflussnahme auf die Rezeption gefasst werden muss (a.a.O., bes. 50–67, bes. 60; 219–282, bes. 245–256). Es ist der Text, der durch

Zwar schafft sich der Text seinen Sinn im Leser – aber die lebensweltlichen und kulturellen Bedingungen, denen der Leser und der Leseakt unterliegen, bestimmen den Sinn des Textes mit und pluralisieren ihn.[30] Dass es plausibel ist, dass der Sinn eines Textes in einem gewissen Rahmen plural ist, erfasst man, wenn man sich klar macht, dass wir alle beim Lesen eines identischen Romans die Personen und das Geschehen in sehr unterschiedliche Imaginationen umsetzen und dass unterschiedliche Epochen und Kulturräume bestimmte Texte sehr unterschiedlich gelesen und rezipiert haben. Die Texte zeichnen, so das Konzept des ›impliziten Lesers‹ von Wolfgang Iser,[31] einen Leser vor, sind gleichsam ein Rollenangebot zur Einnahme einer Perspektive, die von unterschiedlich vorgeprägten Lesern in sehr unterschiedlicher Weise umgesetzt werden kann, die aber eben alle die im Text angelegten, die Leserrezeption leitenden Elemente und damit die Sinnpotentiale des Textes realisieren.

1.3.2 Reformationsaffines Anliegen

Der Reiz einer theologischen Aufnahme rezeptionsästhetischer Ansätze liegt darin, dass die Entfaltung des Textsinnes in der Rezeptionssituation, das heißt im kirchlichen, kollektiven und persönlichen Umgang mit den Texten, erfolgt. Es tritt die vom historischen Arbeiten durchbrochene Situation der Begegnung mit dem Text wieder in das Zentrum. Die Frage nach dem Sinn der Texte führt nicht aus dem Kontext kirchlichen Umgangs hinaus in die Produktionssituation und zur Absicht des Autors, sondern die Frage nach dem Sinn eines Textes ist die Frage nach seiner Wirksamkeit in der Begegnung mit ihm.[32]

›Leerstellen‹ (283f.) die Deutung des Lesers lenkt (WOLFGANG ISER, Die Appellstruktur der Texte. Unbestimmtheit als Wirkungsbedingung literarischer Prosa, Konstanz 1970). Dieser ›Leser‹ ist aber *im Text* vorausgesetzt. Die Entwicklung der Diskussion in der Rezeptionshermeneutik setzt die Ablösung vom historischen Leser fort, die Wolfgang Iser vollzieht, und macht darauf aufmerksam, dass die Feststellung eines fiktiven Lesers den ›Akt des Lesens‹ immer schon hinter sich hat und den impliziten Leser aus der Perspektive einer Sinnerfahrung identifiziert, die der gegenwärtige Leser schon konstituiert hat (ROBERT JAUSS, Literaturgeschichte als Provokation der Literaturwissenschaft, Konstanz 1967).

[30] Diese Weiterführung der Rezeptionshermeneutik nimmt faktisch eher den an der Vielfalt der Rezeptionsperspektiven interessierten Ansatz Robert Jauß' (s. Anm. 29) auf als den an der Aufmerksamkeitslenkung des Textes interessierten Ansatz Wolfgang Isers; vgl. dazu WOLFGANG ISER, Akt (s. Anm. 29).

[31] WOLFGANG ISER, Der implizite Leser – Kommunikationsformen des Romans von Bunyan bis Beckett, München [3]1994; DERS., Akt (s. Anm. 29), 245–256.

[32] Diese Situation selbst kann unterschiedlich beschrieben werden – als eine konstitutive Funktion des Vorgangs des Lesens bzw. Verstehens für den Text oder als Vorgang der Selbstdurchsetzung des Textes am Leser – so KÖRTNER (s. Anm. 6).

Damit wird eine zweite Grundeinsicht der reformatorischen Schriftlehre vergegenwärtigt, nach der im Zentrum der Dignität der Schrift ihre Wirkung am Leser steht; die Schrift ist Wort Gottes, indem sie in bestimmter Weise auf den Leser einwirkt - im *attente* Lesenden den Glauben hervorbringt.[33] Die Feststellung Luthers, dass die Schrift Gesetz und Evangelium sei oder enthalte, hebt eben nicht auf Autorintentionen oder auf dem Wege historischer Forschung erhebbare Sinngehalte ab, sondern darauf, dass die Schrift in bestimmter Weise am gegenwärtigen Leser wirkt.[34] Dass die Schrift sich selbst, nämlich als Evangelium, auslegt, lässt sich als Grundelement einer Texttheorie plausibilisieren und ist keine besondere Qualität eines in besonderer Weise vom Heiligen Geist erfüllten Textes.

Eine so verfahrende Exegese des Textes analysiert diesen auf das hin, was er im Leser auslöst - um es zu exemplifizieren an einem der Vertreter einer rezeptionsästhetischen Interpretation, Klaas Huizing: Dieser verbindet die beschriebenen rezeptionsästhetischen Grundlagen mit einer Textästhetik, die den biblischen Text als Vorzeichnung gelungenen Lebens beschreibt, die sich im Leser als eine Art Inszenierung niederschlägt. Die Darstellung von Personen in den Evangelien - insbesondere eben der Person Christi - lädt zur Inszenierung des Beschriebenen in der eigenen Leiblichkeit ein; im Zentrum steht bei Huizing die Vorstellung, dass die Texte insgesamt ein facettenreiches Porträt Christi darstellen - ›Christus vor Augen malen‹, wie er im Anschluss an Gal 3 sagt - und eben damit ein ›prototypisches Bild gelingenden Lebens‹:

> »Verfasst werden die symbolischen Repräsentationen des Idealporträts [...] mit dem Anspruch auf *Wiedererkenntnis* der eigenen Person, denn die Verdichtung des Menschlichen - und bei Jesus handelt es sich um eine prototypische Neuformierung des Menschlichen - in einer Individualität erweckt immer den Anspruch an die Leser, wieder zu erkennen, was es heißt, ein Mensch zu sein.«[35]

Im Kontakt mit dem Leser erweist sich die Schrift als ein Medium der Realpräsenz Christi, der sich einzeichnet in die Leiblichkeit und in die Weltbezüge des Lesers.

Das Besondere einer konsequenten Anwendung dieser Methodik liegt darin, dass der Rückgang auf den eigentlichen Textsinn, den der Autor vermeint

---

[33] Dazu: KÖRTNER, Theologie (s. Anm. 6), 330-339, bes. 337; 345f.; NOTGER SLENCZKA, Das Evangelium und die Schrift, in: DERS., Der Tod Gottes und das Leben des Menschen. Glaubensbekenntnis und Lebensvollzug, Göttingen 2003, 39-64.

[34] OSWALD BAYER, Theologie, in: Handbuch systematischer Theologie Bd. 1, hrsg. v. CARL HEINZ RATSCHOW, Gütersloh 1994, 443-448.

[35] KLAAS HUIZING, Das Gesicht der Schrift, in: DERS. u.a. (Hrsg.), Lesen und Leben. Drei Essays zur Grundlegung einer Lesetheologie, Bielefeld 1997, 13-51, hier 42.

hat, verweigert wird; es gibt keinen Sinn des Textes vor dem Lesen, und es gibt keine privilegierte Leseperspektive; der Sinn erschließt sich beim Lesen.[36]

1.4 Zusammenfassend

Das historisch-kritische Vorgehen jedenfalls in der ursprünglichen Gestalt ist bestimmt von einer Art Hermeneutik des Verdachts, der Befürchtung oder der Erfahrung, dass auch Heilige, der Papst oder Konzilien in ihrer Auslegung der Schrift irren können. Der historische Umgang mit dem Text ist der Versuch, den Text dem willkürlichen Verfügen des gegenwärtigen Lesers zu entziehen und so nach dem immanenten Sinn des Textes bzw. der Intention des Autors zu fragen. Die rezeptionsästhetische Frage nach dem Sinn des Textes hingegen rechnet mit der Normativität der gegenwärtigen Wirkung. Beide Positionen nehmen Grundanliegen einer reformatorischen Schriftlehre auf – die Unterscheidung von Schrift und Deutung einerseits, und die Wirksamkeit der Schrift, die sich am Leser durchsetzt, andererseits. Beide Ansätze haben spezifische Probleme – einerseits die Schwierigkeit des historischen Zugriffs, sich zum Anliegen eines gegenwärtigen, lebensrelevanten Umganges mit dem Text in ein positives Verhältnis zu setzen; und andererseits die Schwierigkeit des rezeptionsästhetischen Ansatzes, das Verhältnis von Rezeption und Text nicht so umzukehren, dass der Text keine Möglichkeit mehr hat, sich gegen die Zumutungen der Rezeption zu wehren.[37]

2. Verstehen

Zweifellos besteht das Problem, auf das die Vertreter einer Rezeptionshermeneutik aufmerksam machen: dass der religiöse Umgang mit den biblischen Texten sich in den Ergebnissen dieser Exegese nicht wiederfindet und auch die verbindliche Lehre der Kirche mit diesen Ergebnissen schwer vermittelbar scheint. Ich denke aber, dass der Umgang mit diesem Problem durch eine

---

[36] Sowohl Huizing wie Körtner verweigern sich mit dem Rekurs auf die ›*intentio textus*‹ dieser extremen ›postmodernen‹, kriterienfreien Pluralisierung des Textsinnes und sind eher orientiert an der Autonomisierung des Textes gegen den Leser einerseits, den Autor andererseits (Körtner, Theologie [s. Anm. 6], 322ff. und 330–339). Freilich stellt sich hier dann letztlich doch die Frage nach den Kriterien einer Feststellung der *intentio textus*, die es erlauben würde, in der Vielzahl von Leserperspektiven das Treffen der *intentio textus* von deren Verfehlung zu unterscheiden. Der Rekurs auf die reformatorische Figur der Selbstdurchsetzung des Textes am Leser, auf die sich beide Autoren beziehen, gibt hier jedenfalls keine Kriterien an die Hand.

[37] Vgl. zu diesem Problemfeld: Umberto Eco, Die Grenzen der Interpretation, München ²1999, hier bes. 51ff. und 169–190.

Einsicht Bultmanns erleichtert wird, an die ich auf einem etwas ungewöhnlichen Wege erinnere.

2.1 Augustin und das Vorverständnis

Eine der großartigsten und wirkungsvollsten Theorien über das Verstehen hat, wenig überraschend, der Theologe vorgelegt, der nach meinem Dafürhalten das Prädikat des größten aller Theologen verdient, nämlich Augustin.

2.1.1 Wortverstehen

Diese Theorie über das Verstehen findet sich in seiner tiefsinnigsten Schrift ›*De trinitate*‹.[38] Grundsätzlich sind Worte ›Zeichen‹, sagt Augustin, und Zeichen werden dann verstanden, wenn das von ihnen Gemeinte uns vor dem geistigen Auge steht.[39] Die Zeichen vermitteln dabei nicht selbst diese Wirklichkeit, sondern weisen auf sie hin. Das Wort ›Hund‹ versteht derjenige, der schon einmal einen Hund gesehen hat und vor dessen innerem Auge beim Hören oder Lesen des Wortes dieser Hund erscheint. Wer Sprache verstehen will, muss wahrgenommen haben. Aber dies scheinbar Einfache ist höchst kompliziert und widersprüchlich: Augustin befasst sich in einer Passage des Buches VIII von *De trinitate* mit der Frage danach, wie jemand eigentlich etwas verstehen kann, was nur durch sprachliche Zeichen und in keiner Weise durch die sinnlich-körperliche Wahrnehmung präsentiert wird - etwa Aussagen über eine Stadt, Alexandria, die ein Hörer dieser Wendung ›die Stadt Alexandria‹ möglicherweise nie gesehen hat.[40] Augustin fragt nicht, ob er diese Wendung versteht, sondern Augustin wundert sich darüber, dass er es offensichtlich kann. Augustin weist darauf hin, dass Aussagen über vom Hörer oder Leser nie gesehene Dinge darum verstanden werden, weil der Hörer oder Leser andere Exemplare derselben Gattung durch sinnliche Wahrnehmung kennt, einen Allgemeinbegriff gebildet hat und diesem Allgemeinbegriff entsprechend ein Vorstellungsbild der nie gesehenen Stadt bildet. Entsprechend,

---

[38] Zum Folgenden vgl. AUGUSTINUS, *De trinitate*, nach: PAUL AGAESSE u.a. (Hrsg.), La Trinité, Oeuvres de Saint Augustin 15/16, Paris 1955, darin: Buch VIII. Ich reformuliere den Gedankengang im Folgenden etwas anders (aber begründbar anders), als Augustin ihn anlegt.

[39] Vgl. dazu AUGUSTINUS, *De doctrina christiana* I, II,2-IV,4 [CCSL 32,7f.], vgl. II, I,1-III,4: »*Signum est [...] res praeter speciem, quam ingerit sensibus, aliud aliquid ex se faciens in cogitationem venire.*« [CCSL 32,5-7].

[40] Es handelt sich nur um eine kurze Passage, die dem umgebenden Argumentationsziel folgt, dass wir den Begriff der Gerechtigkeit in uns selbst kennengelernt haben müssen, um eine gerechte Seele um ihrer Gerechtigkeit willen zu lieben (*De trinitate* VIII, IV,7-VI,9). Zum Stadt-Beispiel: VI,9 (Oeuvres [s. Anm. 38], 16,52).

darauf weist er hin[41], geht man mit Texten der Bibel um; man liest von Paulus, von der Jungfrau Maria, von Jesus von Nazareth, und im Leser formt sich ein Bild der Personen, ein Bild, das sich aus den Allgemeinbegriffen zusammensetzt, in die er oder sie eingeführt ist. Es formt sich im Empfänger ein Phantasiebild der Personen, bezüglich dessen er genau weiß, dass es der Person nicht ähnlich sieht, das aber eine annähernde Variation des Schemas (*phantasia*) – mein an den Kantischen Sprachgebrauch angelehnter Ausdruck – einer menschlichen Person darstellt. Und in dieses Bild fügen sich die Züge ein, die der Text zu verstehen gibt. Das Einzelexemplar – die Stadt Alexandria – ist auch dem Leser, der die Stadt nie gesehen hat, bekannt, weil er Städte im Allgemeinen kennt; und in diese Stadt im Allgemeinen fügt er die individuierenden Züge ein, von denen er hört – die im Schachbrettmuster angelegten Straßen; den Hafen – und die Züge, die er im Text oder in der Rede eines anderen kennenlernt. Zum Verstehen bedarf es aber eines Allgemeinbegriffs mit bestimmten semantischen Gehalten.

2.1.2 Verstehen der Rede über Welt, selbst und Gott

Das bedeutet – ich extrapoliere Voraussetzungen: Der Kontakt zur Wirklichkeit vermittelt sich durch das Medium des Leibes und seiner Sinne – man sieht Menschen oder Städte. Aber man sieht sie stets so, dass man nicht in den Einzelexemplaren des Gegenwartsfeldes aufgeht, sondern sie sind Repräsentanten von etwas Allgemeinem, weiterer Exemplare derselben Gattung. Deshalb bezeichnet man sie mit Begriffen, die auch auf weitere derartige Exemplare anwendbar sind. Die Worte, die das Gegenwartsfeld mit Begriffen bezeichnet, die weiterer Anwendung fähig sind, halten einen Horizont weiterer Möglichkeiten präsent. Und darum versteht das welterfahrende Subjekt mehr, als es unmittelbar sieht. Durch die Stadt Berlin, in der jemand lebt oder die sie, vom Dorf kommend, besuchsweise erlebt hat, weiß das Subjekt, was ›eine Stadt‹ ist; und dieser Allgemeinbegriff ermöglicht es, zu verstehen, was ›Hofgeismar‹ meint, auch wenn jemand da noch nie gewesen sein sollte.

Nun geht Augustin einen Schritt weiter:[42] Es gibt Aussagen über Sachverhalte, die wir ebenfalls verstehen, hinsichtlich derer wir keine empirisch begründeten Kenntnisse haben und auch nicht haben können – dies sind beispielsweise Aussagen über die menschliche Subjektivität. Wir haben das Ich eines anderen nicht gesehen und werden es nie sehen. Wir verstehen aber

---

[41] Zum Folgenden a.a.O., VI,9 (Oeuvres [s. Anm. 38], 16,48f.).

[42] Vgl. zum Folgenden ebd. Ich hebe nur die Punkte heraus, die für meinen Gedanken wichtig sind – Augustin geht es darum, woher wir (als selbst Ungerechte) den Begriff der Gerechtigkeit kennen, um derentwillen wir den Apostel oder die Jungfrau Maria als ›gerechte Seele‹ lieben; ich hebe zunächst den en passant geäußerten Gedanken heraus, dass wir nach Augustin von uns selbst her wissen, was ›die Seele‹ ist.

dennoch den Ausdruck des Zorns im Leib des anderen, und wir verstehen, was gemeint ist, wenn jemand sich als glücklich bezeichnet, sagt Augustin, weil wir in die menschliche Subjektvität eingeführt sind; wir kennen sie nämlich von innen. Werden uns Aussagen über das Erkennen oder Fühlen oder Erleben anderer Personen mitgeteilt, oder sehen wir leibhafte Bewegungen anderer, so erfassen wir genau, worum es sich handelt, obwohl wir noch nie ein fremdes Gefühl oder eine fremde Wahrnehmung wahrgenommen haben - wir kennen dergleichen eben von uns selbst. Wir sind in uns selbst eingeführt in das menschliche Existieren.

Und schließlich verstehen wir die Rede von Sachverhalten, die nicht mit uns identisch sind, die wir aber ebenfalls noch nicht gesehen haben und nie leiblich sehen werden - die Rede von Gott. Und Augustin ist eben der Meinung, dass wir die Rede von Gott darum verstehen, weil uns in uns selbst ein anderes unserer selbst erschlossen ist - der Gott, dem wir in unserem Inneren begegnen als dem, der uns innerlicher ist, als wir selbst es sind.[43] Wenn man das in eine moderne Theorie übersetzen wollte, dann müsste man zu § 4 der Schleiermacherschen Glaubenslehre greifen.[44]

2.1.3 Verstehen und Erinnern

Dabei ist Augustin gar nicht der Meinung, dass das jeweils eigene Innenleben oder gar der Sinn des Begriffes Gott in ausdrücklichen Theorien bekannt wäre - vielmehr ist beides so erschlossen, dass es immer zugleich verdeckt ist.[45] Der Mensch, so Augustin, ist ein Wesen, das immer schon am anderen seiner selbst, an der materiellen Welt, die ihn umgibt und die er durch die Sinne kennt, interessiert ist und darin aufgeht - und das bedeutet, dass er einerseits um sich selbst und das ihm mit ihm selbst Erschlossene weiß, und es immer zugleich nicht kennt. Darum können Texte bezüglich des menschlichen Inne-

---

[43] Darauf läuft der in Buch VIII anhebende Gedankengang hinaus - das Identifizieren des ›Gutseins‹ oder des ›Gerechtseins‹ an anderem setzt voraus, dass wir in uns selbst ein Konzept von Gerechtigkeit oder Güte haben, das wir aus uns selbst kennen müssen, um es an anderem außer uns selbst zu identifizieren, und das daher auf anderes als uns selbst in uns selbst verweist (VII,10 und 11). JOACHIM RINGLEBEN, *Interior intimo meo.* Die Nähe Gottes nach den Konfessionen Augustins (ThSt 135), Zürich 1988. Der hier in Buch VIII anhebende und bis Buch X verlaufende Gedankengang, in dem es letztlich nicht um die Seele oder um die Gerechtigkeit, sondern um die Liebe und das im Lieben engagierte Lieben des Liebens (das letztlich Gott ist) geht, müsste rekonstruiert werden, damit die hier nur angedeuteten Aspekte voll verständlich werden - ich muss hier darauf verzichten.

[44] Dies ist eine voraussetzungsreiche Bemerkung - zur Erläuterung verweise ich nur auf: NOTGER SLENCZKA, *Fides creatrix divinitatis.* Zu einer These Luthers und zugleich zum Verhältnis von Theologie und Glaube, in: JOHANNES VON LÜPKE u.a. (Hrsg.), Denkraum Katechismus, Tübingen 2009, 171-195.

[45] Vgl. *De trinitate* X, V,7! (Oeuvres 16 [s. Anm. 38], 134f.).

ren erschließende, das explizite Verstehen seiner selbst erweiternde Wirkung haben: Wenn sie das zur Sprache bringen, was ein Mensch unausdrücklich immer schon weiß. Denn Menschen sind sich so verborgen wie erschlossen; und indem ein Text ihnen ihre Innerlichkeit und das, was ihnen innerlicher ist als sie selbst, erschließt,[46] erfassen wir, was wir immer schon von uns wussten, aber sozusagen vergessen hatten. Augustin ist ein erster Theoretiker des Unterbewussten.[47]

Dass dies wiederum Ursprünge bei Platon hat, sei nur angemerkt - die Augustinische Theorie des Unbewussten ebenso wie die Theorie, dass Verstehen immer nur durch bereits Verstandenes funktioniert, stellt letztlich eine Variation der Platonischen Theorie dar, dass die Seelen in einer vorgeburtlichen Schau der Ideen in das Allgemeine eingeführt und dieses Eingeführtsein, das all ihr Verstehen leitet, immer schon vergessen haben in dem Sinne, dass sie es ausdrücklich nicht formulieren können, wohl aber daran erinnert werden können.[48]

2.2 Das Vorverständnis als Bedingung des Verstehens

Nächster Schritt - und damit ein Schritt hin zum Thema der Hermeneutik.

2.2.1 Vorverständnis

Es ist relativ schwierig, verständlich zu machen, was Bultmann mit dem für jedes Verstehen notwendigen ›Vorverständnis‹ meint. Warum sollte das eigentlich so sein, wie er das *passim* behauptet?[49] Dass jedes Verstehen einen Bezug zur Sache, von der die zu verstehende Rede oder der zu verstehende Text handelt, voraussetzt. Wer die Darstellung dieser These etwa in Bultmanns Aufsatz zur Voraussetzungslosigkeit der Exegese[50] meditiert, der wird darauf stoßen, dass sie in der Tat alles andere als klar und eindeutig ist.

---

[46] Vgl. a.a.O., I,2-IV,6 (Oeuvres 16 [s Anm. 38], 116-132).

[47] Vgl. a.a.O., bes. die Zusammenfassung V,7 (Oeuvres [s. Anm. 38], 134f.).

[48] Z.B. PLATON, Phaidon 91 c 6-92 e 4.

[49] Etwa: RUDOLF BULTMANN, Neues Testament und Mythologie, München ³1988; DERS., Geschichte und Eschatologie, Tübingen 1958, 126-129. Aus der uferlosen Literatur verweise ich nur auf folgende Arbeiten: Die Aufsätze im Sammelband: CHRISTOF LANDMESSER u.a. (Hrsg.), Rudolf Bultmann (1884-1976) - Theologe der Gegenwart, Neukirchen 2010; KONRAD HAMMANN, Rudolf Bultmann - eine Biographie, Tübingen ³2012, dort Lit.

[50] RUDOLF BULTMANN, Ist voraussetzungslose Exegese möglich?, in: DERS., Glauben und Verstehen. Gesammelte Aufsätze III, Tübingen 1960, 142-150; DERS., Das Problem der Hermeneutik, in: DERS., Glauben und Verstehen II, Tübingen ⁴1965, 211-235. Dazu JÖRG LAUSTER, Religion als Lebensdeutung, Darmstadt 2005, 142-147.

Man versteht eben nicht so recht, was er eigentlich meint mit dem ›Lebenszusammenhang mit der Sache der Bibel‹, der die Voraussetzung dafür ist, dass man einen Text versteht. Natürlich kann man die These traditionsgeschichtlich zurückverfolgen und wird zunächst bei Dilthey und dann bei Schleiermacher landen – deutlich aber wird der Sachverhalt erst, wenn man begreift, dass Bultmann genau das von Augustin beschriebene Phänomen vor Augen hat: Rede kann man nur verstehen, wenn man in das Gemeinte bereits eingeführt ist. Und Rede, durch die uns Neues mitgeteilt wird, kann nur Verstehen wecken, wenn sie sich in eine bereits verstandene Welt anschlussfähig einzeichnet.[51]

Verstehen können wir, weil wir eingeführt sind in die Welt und in unser Selbst, das uns immer unbekannt Bekannte. Und in der Tat: Auch in den Begriff ›Gott‹ müssen wir ursprünglich, wie auch immer, eingeführt sein, wenn wir Rede von Gott als sinnvolle Rede nachvollziehen wollen, so Bultmann.

2.2.2 Der Text erschließt den Leser

Nächster Schritt – und das ist jetzt ein verifizierender Reflexionsgang: Wie kommt es eigentlich, dass jemand Bultmann zunächst nicht versteht, und wie kommt es, dass er Augustin in der beschriebenen Weise verstehen kann, und wie kommt es, dass er in einem weiteren Schritt Bultmann dann doch versteht? Er hatte Bultmann in dem Moment verstanden, in dem er in ihm die Ausführungen Augustins wiedererkannte; und das hatte darum sinnerschließende Kraft, weil er die Beschreibung Augustins verstanden hatte. Aber was heißt es: Er hatte die Beschreibung Augustins verstanden? Er hatte sie in dem Sinn verstanden, dass er das Beschriebene an sich selbst wiedererkannte; er erfasste, welches ihm an ihm selbst zugängliche Phänomen Augustin beschrieb. Der Text Augustins ist zunächst ein historischer, ein lateinischer Text; die Vokabeln kann man nötigenfalls nachschlagen; sie haben einen bestimmten Sinn im Kontext der spätkaiserzeitlichen Latinität; seine Terminologie ist neuplatonisch geprägt, seine Wortwahl entschieden nicht die eines

---

[51] Ich exemplifiziere das in Vorlesungen immer mit dem Struggl: Etwas völlig Unbekanntes – was ein ›Struggl‹ ist, beispielsweise – erfassen wir nur dadurch, dass es uns definiert wird, als Exemplar einer Gattung bestimmt wird, die uns bekannt ist und hinsichtlich derer der Erklärende voraussetzt, dass wir die Gattung kennen: Ein Struggl ist ein Lebewesen; und dann kommt ein differenzbildendes Merkmal: mit Stacheln; und im Weiterfragen erfahren wir dann, dass es sich nicht um einen Igel – ein Struggl ist größer – und nicht um ein Stachelschwein – ein Struggl hat einen langen Schwanz und lange Beine – handelt; und so entsteht mit dem Weiterfragen von Bekanntem her ein so genaues Vorstellungsbild des Struggl, dass man ihn wiedererkennen würde, wenn man ihn sehen könnte; in diesen Genuss wird allerdings niemand kommen, weil es, soweit ich weiß, keinen Struggl gibt – aber ich wette, jeder meiner Studierenden hat ein Bild vor sich.

gegenwärtigen Lesers. Dieser kann alle diese Informationen zusammentragen und den Text biographisch und philosophiegeschichtlich verorten – aber verstanden hat er den Text, wenn er mittels aller dieser Untersuchungen erfasst, welches Phänomen Augustin sieht, und wenn er beginnt, zu dem Phänomen, das er beschreibt, in ein eigenständiges Verhältnis zu treten und es seinerseits und eigens zu sehen. In diesem Fall: Wenn er erfasst, worauf an ihm selbst Augustin ihn aufmerksam macht. Was er beschreibt, hat der Leser dann und erst dann verstanden, wenn er es an sich selbst identifiziert hat; und dann greift er zu Bultmann und erfasst, dass sein Begriff des Vorverständnisses möglicherweise genau dieses Phänomen zusammenfasst.[52] Der Leser ist also darauf aufmerksam geworden, dass er selbst ein Vorverständnis unterhält. Dass er eben im Vollzug – ohne es ausdrücklich zu wissen – eingeführt ist in ein Verständnis seiner selbst, das ihm nun, im Lesen Augustins, ausdrücklich erschlossen wird. Und dann wird er von daher fähig, zu sehen, was Bultmann mit diesem Begriff ›Vorverständnis‹ zu sehen anleiten will.

Einen Text verstehen bedeutet damit: selbst zu sehen.[53] Geleitet von dem Text sich selbst bzw. die einem selbst erschlossene Welt in ihm wiederzuerkennen – in diesem Sinne ist in der Tat, wie Platon formuliert, das Lernen ein Erinnern; und Bultmanns Begriff des Vorverständnisses bringt diesen Charakter des Verstehens als Bedingung des Verstehens auf den Begriff.

2.2.3 Verstehen als Sehen durch den Text

Ich gehe dem einige weitere Schritte nach, bin dabei, ohne dass ich das ausdrücklich mache, geleitet von Grundeinsichten der phänomenologischen Tradition:[54] Ein Text ist Niederschlag und Ausdruck eines Sehens. Augustin ist in einer für seine Zeit unvergleichlichen Weise auf sich selbst aufmerksam geworden und hat das, was ihm da erschien, in mehr oder weniger konventionelle Begriffe gefasst.[55] Entscheidend ist dies: Augustin bringt im Text zur Sprache, was ihm in der Reflexion auf sich erscheint. Er verbindet das mit der These, dass das, was er erfasst, nichts anderes ist als das, was er schon immer

---

[52] Damit ist auf das von Bultmann im Hermeneutik-Aufsatz (s. Anm. 50) und andernorts profilierte spannungsvolle Miteinander von historischer Auslegung und existentieller Erschließung Bezug genommen.

[53] EDMUND HUSSERL, Cartesianische Meditationen, hrsg. v. ELISABETH STRÖKER, Hamburg 1977 (= textidentisch mit Hua I), § 2 (7ff.).

[54] Dazu nur: NOTGER SLENCZKA, Art. Phänomenologie, in: BIRGIT WEYEL u.a. (Hrsg.), Handbuch Praktische Theologie, Gütersloh 2007, 770–782, dort Lit.

[55] Hier müsste man ausführlicher werden und die das Sehen leitende Funktion der Sprachspiele, in die unser Wahrnehmen immer schon eingelassen ist, thematisieren – ich notiere und unterlasse das. Zu den traditionsgeschichtlichen Voraussetzungen bei Augustin vgl. die nach meinem Urteil überragende Monographie von: ROLAND KANY, Augustins Trinitätsdenken, Tübingen 2007, hier 247–294.

von sich und was jeder im Vollzug seines Lebens von sich weiß und zugleich – weil der Mensch an der Welt und nicht an sich selbst interessiert ist – sich verdeckt. Sein Text lenkt die Aufmerksamkeit auf das, was der Mensch immer schon von sich weiß, versucht, dazu anzuleiten, das, was wir von uns vorbewusst wissen, ausdrücklich und bewusst zu machen.

Ein Leser hat ihn in dem Moment verstanden, in dem er sich durch seine Worte leiten lässt und nun plötzlich seinerseits sieht, was ihm erscheint – aber, und das ist absolut entscheidend für den Gedanken: Er hat ihn verstanden, wenn er das, was Augustin erscheint, an ihm selbst sieht oder als etwas erfasst, was er an sich selbst sehen kann. Das Verstehen hat nicht das Ziel, dass der Leser an die Stelle Augustins tritt oder sich mittels des Textes irgendwie in ihn einfühlt oder die Welt mit Augustins Augen sieht – das alles wäre ein historischer Maskenball der Selbstentfremdung. Verstehen in dem hier gemeinten Sinn ist vielmehr der Vorgang, dass das vom anderen Gesehene als eigenes oder eigens gesehen wird; und das erfolgt je nach dem Typus des Gesehenen in unterschiedlicher Weise: Im Falle einer historischen Information bildet jemand den Vorgang eines Mordes, den er selbst nicht sehen kann, in sich nach, weil er wie auch immer eingeführt ist in das Phänomen der Tötung eines anderen, etc. Oder aber im Falle der Erschließung seiner selbst wird er dazu angeleitet, sich seiner selbst bewusst zu werden, ausdrücklich zu sehen, was er nie nicht gesehen hat.

Ein Text spricht die reine und sozusagen noch stumme Erfahrung aus, und er leitet dazu an, diese Erfahrung explizit zu machen.

2.2.4 Abgrenzung

Dabei ist deutlich und ausdrücklich, aber nur im Vorbeigehen anzumerken, dass es reine und stumme Erfahrung – ich bediene mich hier eines Ausdrucks Husserls[56] – natürlich nicht gibt, weder als vorausgesetzte Bedingung des Verstehens von Texten noch als das Original in der Produktionssituation des Autors. Weder der Leser Augustins noch Augustin selbst erfährt stumm, bevor er schreibt und liest. Erfahrung ist in dem Moment gedeutete Erfahrung, in dem jemand sie macht; er ordnet sie ein in das Ganze seines welt- und selbstbezogenen Lebens und begreift sie immer schon geprägt von und mit den Mitteln der sprachlich verfassten Deutungskultur, in die er eingelassen ist und die ihm zur Verfügung steht. Aber das Verstehen setzt voraus, dass er eben nicht in seine Sprachwelten eingesponnen ist, sondern dass mit den Mitteln dieser Sprachwelten etwas ausgedrückt wird, was vorsprachliche Erfahrung ist und in der sprachlichen Codierung als eigene Erfahrung wiedererkannt werden kann. Der Begriff Seele beispielsweise beschreibt, recht verstanden, etwas, was jedem an sich selbst erschlossen ist, und hat sein Recht,

[56] HUSSERL, Meditationen (s. Anm. 53), § 16.

soweit er das tut. Er beschreibt das, was einem Menschen erschlossen ist, in einer bestimmten Sprachwelt, in die der Verstehende mehr oder weniger eingeführt ist und in der er daher sich selbst und das, was er von sich vorbewusst weiß, wiedererkennen kann.[57]

2.2.5 Folgerung: Die Grenzen des Sinnes als Grenzen der Welt

Im Blick auf die Ausgangsfrage nach der Alternative eines produktions- oder rezeptionshermeneutischen Ansatzes wird deutlich, dass der Text seinen Sinn in einer Rezeptionssituation entfaltet, ohne sich damit in der Beliebigkeit von perspektivischen Interpretationshinsichten aufzulösen. Das liegt aber nicht daran, dass die *intentio auctoris*, die auf dem Wege historischer Exegese zu erheben wäre, die Rezeption normiert; das liegt auch nicht daran, dass die gegenüber dem Autor und dem Rezipienten autonome *intentio textus* eine Grenze legitimen Verständnisses markierte, die freilich als Grenzbegriff schwer handhabbar wäre.[58] Sondern es liegt daran, dass der Autor bzw. der Text einerseits und der Leser andererseits ursprünglich verständigt sind dadurch, dass sie die Erfahrung der raum-zeitlichen Einheit einer Welt teilen. Diese Erfahrung auszusprechen und mit-zuteilen dient das Medium von Texten. Die Voraussetzung für das Verstehen ist das Teilen dieses Erfahrungsraumes, und auch jede ungewöhnliche, die durchschnittliche Ausgelegtheit durchbrechende Explikation der Welt oder des Selbst muss sich noch im Durchbrechen anschlussfähig einzeichnen in das Verstehen einer gemeinsamen Welt.[59] Normative Autorität gewinnt ein Text, wenn er ›einleuchtet‹, d.h. sich erschließt als möglicher Ausdruck der Selbst- und Welterfahrung des Lesers. Das bedeutet nicht, dass der Text diese Erfahrung einfach bestätigen und wiederholen müsste; wohl aber, dass er dem Leser sich selbst und seine Welt so erschließt, dass er als Eröffnung einer anschlussfähigen Möglichkeit des Verstehens nachvollziehbar wird auch dann, wenn er alle bisherigen Modifikationen durchbricht.

---

[57] Auf den Charakter von Texten als Reservoir von Sinnangeboten hat insbesondere J. Lauster aufmerksam gemacht: LAUSTER, Prinzip (s. Anm. 5), 440–469; DERS., Religion (s. Anm. 50), 190–195.

[58] KÖRTNER, Theologie (s. Anm. 6), 339–342.

[59] Hier könnte man das Wahrheitsmoment der theologischen Positionen, die sich an Karl Barths Widerspruch gegen eine ›natürliche Theologie‹ und gegen einen ›Anknüpfungspunkt‹ abgearbeitet haben, profilieren.

3. Kurzer Blick auf die Folgerungen für eine biblische Hermeneutik

Was bedeutet das nun für den Umgang mit biblischen Texten?

3.1 Ein Beispiel

Biblische Texte sind Erschließungen und Deutungen eines Verständnisses des Menschen, die einen anderen Menschen sich sich selbst erschließen können, wenn sie verstanden werden. An einem Beispiel verdeutlicht:[60] Wann ist ein apokalyptischer Text – etwa eine Beschreibung des Jüngsten Gerichtes in Mt 25 – ›verstanden‹?

Unbestreitbar ist es notwendig, den Text auf seine Schichtung und seine traditionsgeschichtlichen Voraussetzungen hin zu untersuchen. Unstreitig die Feststellung, dass der Text, als Sachinformation über künftige Ereignisse gehört, zwar als fremde Meinung begriffen, gegenwärtig aber nicht als eine Beschreibung eines wahrscheinlichen künftigen Ereignisses erfasst werden kann. Ein gegenwärtiger Leser kann diese Vorstellungen als Vorstellungen imaginieren, er kann sie aber nicht als wirkliches künftiges Ereignis imaginieren, wie dies möglicherweise der Autor und die kirchliche Auslegungstradition bis an den Rand der Neuzeit getan haben.

Dennoch kann dieser Text – Mt 25 – in dem beschriebenen Sinne verstanden werden, wenn gefragt wird, wo die Erfahrung des Gerichtes eigene Erfahrung ist, wo ein gegenwärtiger Leser in seiner je eigenen Gegenwart mit diesem universalen und unentrinnbaren Gerichtshorizont, dem sich der ursprüngliche Autor und seine Tradenten und Leser ausgesetzt sahen, selbst zu tun habt. Der Sachverhalt erschließt sich in dem Moment, in dem ein gegenwärtiger Leser darauf aufmerksam wird, dass es in der Situation des Gerichtes um die endgültige Feststellung der strittigen Identität des Menschen geht, und wenn er beginnt, die gegenwärtige Erfahrung des Nichtfestgestelltseins, der Ambiguität der eigenen Identität und die beständig wirksamen Instanzen der Feststellung der Identität als die Erfahrung des Gerichtes zu beschreiben und umgekehrt: das Gleichnis als Gleichnis der Ambivalenz menschlicher Identität zu fassen. Ein gegenwärtiger Leser wird dann, geleitet von der apokalypti-

---

[60] Ich habe diese Erschließung der Vorstellungsgehalte eines Jüngsten Gerichts, des ›Zornes Gottes‹, der Hölle oder des Fegefeuers in einer ganzen Reihe jüngerer Texte vorgetragen und verweise hier nur auf drei derselben: Notger Slenczka, Quid sum miser tunc dicturus? Die christliche Rede vom Jüngsten Gericht als Beitrag zur Diskussion um die Einheit der Person, in: Trigon 10 (2012), 169–183; Ders., Gericht, in: Cilliers Breytenbach (Hg.), Der Römerbrief als Vermächtnis an die Kirche, Neukirchen 2012, 161–176; Ders., ›Sich schämen‹. Zum Sinn und theologischen Ertrag einer Phänomenologie negativer Selbstverhältnisse, in: Cornelia Richter u.a. (Hrsg.), Dogmatik im Diskurs, Leipzig 2014, 241–261.

schen Situation, die der Text vormalt und deren historische Gestalt er traditionsgeschichtlich herleiten und in die seinerzeitgenössische Religionsgeschichte einordnen kann, die darin vorgezeichnete Problematik menschlicher Identität als das ursprüngliche und ihm grundsätzlich erschlossene, aber von ihm möglicherweise nicht ausdrücklich erfasste Phänomen zu sehen beginnen, das die Verfasser der Texte ihrerseits sehen und im Rahmen ihrer Möglichkeiten darstellen. In diesem Sinne müsste man sagen, dass die Texte zunächst eine Sehschule sind – nicht in dem Sinne, dass sie irgendwelche transzendenten Wirklichkeiten für wahr zu nehmen vorschreiben, sondern so, dass sie den Leser sich selbst und die ihm erschlossene Problematik, mit sich selbst eins zu sein, erschließen und in bestimmter Weise zu deuten anleiten.

Es würde sich eben in derselben Weise die Notwendigkeit ergeben, die ursprüngliche Erfahrung aufzusuchen, die im Begriff ›Gott‹ und beispielsweise in der Rede von Gottes Gericht zur Sprache gebracht und in bestimmter Weise gedeutet wird; es wäre zu fragen, ob nicht und in welchem Sinne der in der Frage nach der eigenen Identität von sich selbst umgetriebene gegenwärtige Lebensvollzug implizit oder explizit ausgreift auf eine letztgültige Wahrheit seiner selbst, und inwiefern dieser Ausgriff auf die Wahrheit seiner selbst in der Unabweisbarkeit des Gewissensurteils präsent ist.

3.2 Existentiale Interpretation

Diese Überlegungen sind auf den zweiten Blick ganz unoriginell; sie rechnen mit der letztlich natürlich auf Bultmanns existentiale Interpretation zurückweisenden Möglichkeit, dass sich die in ihrem historischen Sinn und in ihrer Abständigkeit wahrgenommenen Texte daraufhin erschließen, dass in ihnen zum einen die *conditio humana*, die jedem immer schon gegeben und nie ausdrücklich thematisiert ist, wiedererkannt und identifiziert werden kann; es deutet sich zweitens die Möglichkeit an, dass in den biblischen Texten nicht allein das ins Bewusstsein gehoben wird, was uns längst erschlossen ist, sondern in den Texten eine Möglichkeit der Deutung seiner selbst vorgezeichnet wird, die ein neues Verständnis meiner selbst eröffnet – eben die Möglichkeit eines neuen Umgangs mit der Problematik des menschlichen Lebensvollzuges; und zu dieser Problematik gehört nicht zuletzt die unter den Begriffen ›Gericht‹ und ›Hölle‹ thematisierte Unfähigkeit, mit sich selbst eins zu sein.

3.3 Schluss

Es würde sich so die weiterführende Frage nahelegen, ob nicht die biblischen Texte im Sehen einer Problematik der menschlichen Existenz und in der Eröffnung der Möglichkeit eines besonderen Umganges mit ihr ihre besondere

Pointe haben, so dass man sie verstanden hat, wenn man durch sie auf sich selbst aufmerksam geworden ist und sich sich selbst in letzter Gültigkeit verständlich geworden ist - und ob nicht das Faktum, dass dies geschieht, aufbewahrt ist in der Rede vom ›Wort Gottes‹ und von der ›normativen Autorität‹ der Texte.

Damit ist die eingangs profilierte Alternative einer produktions- oder rezeptionsästhetischen Hermeneutik als Alternative obsolet. Die Grenzen einer Rezeption sind nicht die Grenzen der Autor- oder Textintention, sondern die Grenzen des schlüssigen - einleuchtenden, nachvollziehbaren, in Lebensvollzug übersetzbaren - Verständnisses seiner selbst, das die Texte generieren. Die Modifikationen einer Texthermeneutik machen darauf aufmerksam, dass Texte ›einleuchten‹ wollen, und dass das ›Aha‹-Erlebnis des Einleuchtens sich dann ergibt, wenn sich eine Sinnerfahrung einstellt - das ist das Anliegen einer Rezeptionshermeneutik; und darauf, dass das Einleuchten sich nicht ergibt, wenn ein Mensch mit sich selbst spricht, sondern sich dann und nur dann einstellt, wenn er als Leser oder Hörer in einem fremden Medium nach sich selbst fragt - das ist das Anliegen einer Hermeneutik, die auf der Sinn-Normativität der Produktionssituation besteht. Im Zentrum dieser Anliegen steht die Begegnung des Selbst- und Weltverständnisses des Textes und des Lesers und der Vorgang des Einleuchtens, in dem dem Leser nicht einfach der Text und dessen Weltsicht, sondern durch den Text seine eigene Welt und sein Selbst verständlich wird: entweder in der Repetition dessen, was er schon verstanden hat - solche Texte legen wir beiseite. Oder in einer Neuformierung unseres Verstehens, der Erschließung eines Sinnes des Selbst und der Welt, die das Gemeinsame neu sehen lehrt - dann spricht die christliche Tradition vom Werden einer ›neuen Kreatur‹ oder von ›Guter Botschaft‹. Solche Texte lesen wir wieder und wieder und murmeln staunend (Aristoteles, Metaphysik I,2 [982 b 11-21]) über Gesetz und Evangelium (Ps 1,2).

Das Jus liturgicum zwischen Verbindlichkeit und Pluralität*

Hendrik Munsonius

Der Gottesdienst ist das Zentralgeschehen der christlichen Kirche, denn in ihm werden Immanenz und Transzendenz, Herkunft und Zukunft, Welt und Gott miteinander verschränkt. Dies geschieht durch die rituelle und homiletische Vergegenwärtigung des Evangeliums, wie es in der (Heiligen) Schrift gegeben und durch die Bekenntnisse bezeugt ist. Das Jus liturgicum hat die Funktion, das gottesdienstliche Handeln der Kirche zu ordnen. Es dient – wie alles Recht – der Handlungskoordination und der Konfliktregulierung. Die Schrift und das Recht entfalten so für das gottesdienstliche Geschehen auf je eigene Weise normative Wirkung und stehen damit in einem spannungsvollen Wechselverhältnis. Bevor dies entfaltet werden kann, ist zu umreißen, wie die Schrift (1.) und das Recht (2.) jeweils normativ wirken und wie die Normativität der Schrift im Kirchenrecht zur Geltung kommt (3.). Danach kann betrachtet werden, wie der Gottesdienst auf rechtliche Ordnung angewiesen ist und sich ihr widersetzt (4.), ehe gezeigt wird, wie sich dies in der Gestaltung des Jus liturgicum niederschlägt (5.).

1. Schrift und Bekenntnis

1.1 Reichtum der Überlieferung

Der thematische Horizont der Schrift ist der denkbar weiteste und spannungsreichste. Beginnend mit der Schöpfung von allem über die Geschichte des einen auserwählten Volkes und seiner prägnanten Einzelcharaktere führt es zum Schicksal eines einzelnen Menschen in einer kleinen Provinz am Rande des Römischen Reiches, dem allerdings Bedeutung für alle zugemessen wird, worauf sich der Horizont wieder ins Unermessliche weitet.[1] Es geht also ums

---

*Vortrag auf der Tagung »Verbindlichkeit und Pluralität. Die Schrift in der Praxis des Glaubens« der Rudolf-Bultmann-Gesellschaft, Hofgeismar, 24.2.2014.

[1] Vgl. Heinrich Detering, Grenzen des Lebens – Grenzen der Sprache, Vortrag im Rahmen der Ringvorlesung »Wozu Theologie?« an der Georg-August-Universität Göttingen im Wintersemester 2009/10, gehalten am 27.10.2009, Audiodatei abrufbar unter http://www.univerlag.uni-goettingen.de/ring09-10/audio/ring2009-10-27.mp3 [22.2.2014].

Einzelne im Horizont des Ganzen, um Zeitliches im Horizont der Ewigkeit, um Immanenz und Transzendenz.[2]

Dieser weite thematische Horizont wird in einer Vielzahl von Texten, in einem »literarischen Ausdrucksuniversum«[3] entfaltet. Wir finden im Alten Testament Mythen und Geschichtswerke, prophetische Bücher, Lied- und Psalmendichtungen sowie Weisheitsliteratur. Im Neuen Testament kommen die Evangelien als neuartige Textgattung, die Briefe, die Apostelgeschichte, der sogenannte Hebräerbrief und die Offenbarung hinzu. Innerhalb dieser Textgattungen lassen sich noch mannigfache weitere Differenzierungen vornehmen. Die Entstehungszeit dieser Texte umgreift ein gutes Jahrtausend und bildet eine vielschichtige und vielstimmige Entwicklung ab.[4]

1.2 Die Schrift als Kanon

Die Schrift begegnet uns jedoch nicht einfach als eine Sammlung von Texten, sondern als Kanon. Der Prozess der Kanonisierung stellt sich als ausgesprochen vielschichtig und komplex dar[5] und wird höchst unterschiedlich gedeutet.[6] Auf der einen Seite steht die These von der »Selbstdurchsetzung des Kanons«, wie sie beispielsweise Karl Barth vertreten hat: »[D]ie Bibel macht sich selbst zum Kanon. Sie ist Kanon, weil sie sich als solcher der Kirche imponiert hat und immer wieder imponiert«.[7] Auf der anderen Seite kann Kanonisierung als historisch kontingenter Prozess betrachtet werden, der durch menschliche Entscheidungen bestimmt war. Die maßgebliche Rolle kann dann entweder kirchlichen Autoritäten, die den Kanon festgestellt haben, oder den Gemeinden zugesprochen werden, in deren Praxis die Anerkennung der Schriften letztlich vollzogen worden ist.[8] Die neuere Forschung hebt die Komplexität des

---

[2] Vgl. JÖRG LAUSTER, Zwischen Entzauberung und Remythisierung. Zum Verhältnis von Bibel und Dogma (ThLZ.F 21), Leipzig 2008, 32.

[3] A.a.O., 43ff.

[4] Einführend CHRISTOPH LEVIN, Das Alte Testament (Beck'sche Reihe 2160), München [3]2006; GERD THEISSEN, Das Neue Testament (Beck'sche Reihe 2192), München [3]2006.

[5] Ausführliche Darstellungen z.B. bei HANS VON CAMPENHAUSEN, Die Entstehung der christlichen Bibel (BHTh 39), 1968, Nachdruck Tübingen 2003; CHRISTOPH MARKSCHIES, Kaiserzeitliche christliche Theologie und ihre Institutionen. Prolegomena zu einer Geschichte der antiken christlichen Theologie, Tübingen 2007, 215ff.; GERD THEISSEN, Die Religion der ersten Christen. Eine Theorie des Urchristentums , Gütersloh [3]2003, 339ff.

[6] JÖRG LAUSTER, Religion als Lebensdeutung. Theologische Hermeneutik heute, Darmstadt 2005, 67f.

[7] KARL BARTH, Die Kirchliche Dogmatik. Die Lehre vom Wort Gottes, Bd. I/1, Zürich [7]1955, 110.

[8] UDO SCHNELLE, Einleitung in das Neue Testament (UTB 1830), Göttingen [5]2005, 409f.

Vorgangs und seine Wechselwirkung mit dem institutionellen Kontext hervor.[9]

Aus der Kanonizität der Schrift ergeben sich für unseren Zusammenhang einige interessante Konsequenzen:[10]

Kanonbildung bedeutet, dass aus einem breiten Bestand an überlieferten Texten eine Auswahl stattfindet. Bestimmte Texte werden kanonisch, wenn sie das, worauf es ankommt, in besonders geeigneter Weise zum Ausdruck bringen. Texte, die diese Voraussetzung nicht erfüllen, bleiben aus dem Kanon ausgeschlossen. Der Umfang eines Kanons ist zwar stets auch umstritten. Der Idee nach bietet er aber einen abgeschlossenen Bestand von Texten, von denen nichts genommen und denen nichts hinzugefügt werden soll.[11]

Der Kanon besteht aus einer Vielzahl von Texten, deren Gehalte nicht ohne weiteres miteinander harmonisiert werden können. Man denke nur an die so verschiedenartigen Passionserzählungen des Johannes- und der synoptischen Evangelien. Der Kanon ist plural und diese Pluralität ist offensichtlich gewollt. Dies hat mit dem Thema der Schrift zu tun. Dieses ist so unerschöpflich, dass bei jeder Aussage, die getroffen wird, stets mitgeführt werden muss, dass auch noch ganz andere Aussagen möglich und nötig sind. Daraus ergibt sich die Notwendigkeit, die Texte nicht nur jeweils für sich, sondern stets in ihrem Bezug auf das Ganze des Kanons wahrzunehmen. Dadurch wird auch die Interpretation der Einzeltexte beeinflusst.[12]

Im Leben der Kirche wird dem Kanon als Heiliger Schrift Bedeutung für die Gegenwart zugemessen. Der historische Textbestand ist die Quelle fortdauernder Verkündigung. Durch Verlesen im Gottesdienst, Predigt, private Bibellektüre, literarische und künstlerische Auseinandersetzung findet ständig eine Vergegenwärtigung statt.[13] Dabei ist jedoch nicht die Heilige Schrift selbst Gegenstand der Verkündigung, sondern das, wovon sie zeugt.

Die Abgeschlossenheit, die Pluralität und die Aktualität des Kanons provozieren seine stets erneute Auslegung. Nur so vermag sich die Verbindlichkeit der Schrift zu entfalten.[14] Diesen Modus der Verbindlichkeit möchte ich als »Diskurs« bezeichnen.

----

[9] LAUSTER, Entzauberung (s. Anm. 2), 55 mit Hinweis auf MARKSCHIES, Theologie (s. Anm. 5), 215ff.

[10] Vgl. JAN ASSMANN, Religion und kulturelles Gedächtnis. Zehn Studien (Beck'sche Reihe 1375), München ²2004, 142ff.; LAUSTER, Entzauberung (s. Anm. 2), 54ff.

[11] Dtn 4, 2.

[12] Vgl. ERNST KÄSEMANN, Begründet der neutestamentliche Kanon die Einheit der Kirche?, in: DERS., Exegetische Versuche und Besinnungen, Bd. 1, Tübingen 1964, 214–223.

[13] LAUSTER, Religion (s. Anm. 6), 109ff.

[14] ASSMANN, Religion (s. Anm. 10),145f.; CHRISTOPH DOHMEN, Die Bibel und ihre Auslegung (Beck'sche Reihe 2099), München ³2006.

1.3 Bekenntnisschriften

Die ständige Nötigung, die Schrift stets neu auszulegen, hat etwas ausgesprochen Beunruhigendes und wirft die Frage auf, wem denn die Kompetenz zur authentischen, zur gültigen Schriftauslegung zukommt. Es geht letztlich um die Frage nach dem Lehramt in der Kirche. An dieser Frage ist in der Reformation die Einheit der Kirche zerbrochen. Den Gegensatz zwischen dem Protestantismus und dem Katholizismus hat *Schleiermacher* in seiner Glaubenslehre auf die auch heute noch treffende Formel gebracht, dass

> »ersterer [= der Protestantismus] das Verhältnis des Einzelnen zur Kirche abhängig macht von seinem Verhältnis zu Christo, der letztere [= der Katholizismus] aber umgekehrt das Verhältnis des Einzelnen zu Christo abhängig von seinem Verhältnis zur Kirche.«[15]

Es stehen sich also die Kirche des Allgemeinen Priestertums und die Kirche der Kleriker und Laien gegenüber. Aus der gleichen Schrift werden höchst unterschiedliche ekklesiologische Konsequenzen gezogen. Diese finden ihren Ausdruck in den Konfessionsdokumenten des 16. Jahrhunderts, d.h. in den reformatorischen Bekenntnisschriften und den Beschlüssen des Trienter Konzils. Die Bekenntnisschriften verstehen sich als von der Schrift abgeleitet und deren zutreffende Interpretation, die ihrerseits wiederum die Auslegung der Schrift anleitet.[16] Ihnen kommt daher innerhalb der so bestimmten Konfessionskirche eine von der Normativität der Schrift abgeleitete Normativität zu, die sich gleichfalls nur im Modus des Diskurses entfalten kann.

2. Recht

2.1 Rechtsbegriff

Das Thema des Rechts ist das menschliche Verhalten, sofern von ihm ein Sollen behauptet und dies durch bestimmte Mechanismen und Verfahren sanktioniert wird.[17] Es geht um die Sicherung eines Mindeststandards von

---

[15] FRIEDRICH SCHLEIERMACHER, Der christliche Glaube nach den Grundsätzen der evangelischen Kirche im Zusammenhange dargestellt, Zweite Auflage (1830/31), § 24 (Leitsatz).

[16] LAUSTER, Religion (s. Anm. 6), 114ff.; NOTGER SLENCZKA, Die Bekenntnisschriften als Schlüssel zur Schrift, in: DERS., Der Tod Gottes und das Leben der Menschen. Glaubensbekenntnis und Lebensvollzug, Göttingen 2003, 65. 82ff.

[17] Zum Rechtsbegriff einführend BERND RÜTHERS, Rechtstheorie. Begriff, Geltung und Anwendung des Rechts, München 1999; JAN SIECKMANN, Art. Recht (J), in: WERNER HEUN u.a. (Hrsg.), Evangelisches Staatslexikon, Neuausgabe, Stuttgart 2006, Sp. 1882–1891; REINHOLD ZIPPELIUS, Einführung in das Recht, Stuttgart ^{5}2008.

Sozialität. Es geht nicht oder allenfalls höchst mittelbar um ein Gesamtbild gelingenden Lebens oder die Frage nach seinem Sinn. Gegenstand des Rechts ist immer die Frage, ob in einer bestimmten Situation von einer bestimmten Person ein bestimmtes Tun oder Unterlassen zu fordern und nötigenfalls zu erzwingen ist. Alle Aspekte, die zur Beantwortung dieser Frage nichts beitragen, werden aus der Betrachtung konsequent ausgeschlossen.

Durch das Recht wird das Zusammenleben von Menschen reguliert. Dieses Zusammenleben ist bestimmt durch Elemente der Kooperation und des Konflikts. Jeder ist mit dem, was er tun und lassen will, davon betroffen, was andere tun oder lassen. Der Freiheitsgebrauch der einen wirkt sich auf den Freiheitsgebrauch anderer aus. Für ein gedeihliches Zusammenleben ist es erforderlich zu klären, wie Kooperation stattfindet und Konflikte bearbeitet werden. Diese Regeln können nicht in jedem Fall neu ausgehandelt werden. Denn zum einen müssten dann auch die Regeln für dieses Aushandeln wiederum verabredet werden. Zum anderen wirkt sich das Handeln von Menschen in einer komplexen und arbeitsteiligen Gesellschaft auf viele Menschen aus. Diese können gar nicht alle unmittelbar beteiligt werden, wenn Regeln ausgehandelt werden sollen.

Deswegen kommt es zur Ausbildung von Normen, also von Verhaltensregeln, die für ein gedeihliches Zusammenwirken vieler und für die Vermeidung und gewaltfreie Beendigung von Konflikten erforderlich sind. Diese Normen werden als abstrakt-generelle Regeln für eine Vielzahl von Fällen formuliert und zu Regelsystemen ausdifferenziert, aus denen jeweils für einen Einzelfall ermittelt werden kann, welches Verhalten rechtlich geboten ist. Die Rechtsanwendung wird ihrerseits durch Rechtsnormen reguliert, aus denen sich ergibt, wer in welcher Weise die Konkretisierung vorzunehmen hat. Durch Rechtsnormen wird das Verhalten von Akteuren aufeinander abgestimmt, es wird eine Interaktionsordnung konstituiert. Verhaltenserwartungen werden stabilisiert und der Freiheitsgebrauch aller koordiniert. Damit wird die Macht der Akteure sowohl erweitert, als auch begrenzt.

Die durch das Recht gesetzten Normen sind mit einem Geltungsanspruch verbunden, der sowohl formell als auch materiell fundiert ist. Zum einen müssen die Konstitutionsbedingungen eingehalten werden (Legalität). In der Regel muss die Norm von einer Stelle erlassen sein, die dazu ermächtigt ist, es müssen ein bestimmtes Verfahren und eine bestimmte Form eingehalten werden. In Demokratien ist für den Erlass eines Gesetzes beispielsweise ein Parlamentsbeschluss nach einem geordneten Beratungsprozess, die Ausfertigung und die Verkündung in einem Gesetz- oder Amtsblatt erforderlich. Gibt es zu einem bestimmten Problem kein formelles Gesetz, kann in Gerichtsverfahren festgestellt werden, was in einem bestimmten Fall als rechtens anzunehmen ist. Man spricht dann vom Richterrecht. Auch in diesem Fall sind Zuständigkeit, Verfahren und Form zu beachten. Selbst Privatpersonen können durch Satzung oder Vertrag wirksam Rechtsnormen setzen.

Die Legitimität von Normen setzt voraus, dass sie mit übergeordneten Normen wie Verfassungsprinzipien und Grundrechten und letztlich mit der Leitidee übereinstimmen, die der Rechtsordnung zugrunde liegen. Dazu gehören das Menschenwürdeprinzip und die Gerechtigkeitsidee. Sie werden konkretisiert durch Prinzipien, dass gleiche Fälle gleich behandelt werden müssen, dass jeder sein Leben frei gestalten darf, soweit dies mit der Freiheit der anderen vereinbar ist, und dass niemand unverhältnismäßigen Belastungen ausgesetzt werden darf.

Der Geltungsanspruch von Rechtsnormen wird dadurch wirksam, dass ihre Einhaltung sanktioniert wird. Das geschieht in der alltäglichen Praxis dadurch, dass alle rechtstreuen Akteure ihr Verhalten an diesen Normen ausrichten. Wer dagegen verstößt, isoliert sich und muss unmittelbar oder mittelbar Nachteile in Kauf nehmen. Darüber hinaus sieht die Rechtsordnung ein System vor, durch das die Einhaltung von Normen zwangsweise durchgesetzt werden kann. Ausgehend von seinem Gewaltmonopol wacht der Staat als Garant der Rechtsordnung mit Mitteln des Polizeirechts und der Gerichtsbarkeit über die Einhaltung der Rechtsordnung. Dadurch unterscheiden sich die Normen des Rechts von denen der Sitte und Moral, die allein durch gesellschaftliche Sanktionen bzw. das Gewissen sanktioniert werden.

2.2 Positivität des Rechts

Das Recht begegnet heute weitgehend als positives Recht. Der Begriff des Rechtspositivismus soll dazu dienen, bestimmte Aspekte zu beschreiben, die mit der Rechtsentwicklung in der Moderne einhergehen.[18] Ein wesentlicher Impuls für die neuzeitliche Entwicklung des Rechts kann auf die Reformation zurückgeführt werden. Denn mit ihr ist der enge Zusammenhang zwischen göttlicher Gerechtigkeit und menschlichem Recht gelöst worden. Recht stellt sich folglich als ein Gegenstand menschlicher Vernunft dar. Gleichwohl war noch lange die Vorstellung herrschend, dass das Recht dem Menschen vorgegeben ist und nicht gestaltet, sondern nur erkannt werden kann. Dieser Gedanke liegt allen Vorstellungen eines Vernunft- oder Naturrechts zugrunde. Mit dem Historismus wurde dieses Verständnis verflüssigt. Recht wurde als etwas angesehen, was sich im Leben eines Volkes entwickelt und damit kontextabhängig ist; es sollte aber nicht dezisionistisch zu ändern sein. Gesetzgebung ist nach beiden Ansätzen nicht Rechtsgestaltung, sondern Kodifikation dessen, was als geltendes Recht erkannt worden ist.

---

[18] Zu dieser Entwicklung Johann Braun, Einführung in die Rechtsphilosophie. Der Gedanke des Rechts, Tübingen 2006, 13ff.; Martin Honecker, Recht, Ethos, Glaube, in: Ders., Recht in der Kirche des Evangeliums (Jus ecclesiasticum 85), Tübingen 2008, 225. 230ff.; Stephan Meder, Rechtsgeschichte. Eine Einführung, Köln 2002, 205ff.

Den nächsten Schritt stellt der Positivismus dar, indem nun dem Vorgang der Kodifikation entscheidende Bedeutung zugemessen wird. Ein Gesetz gilt danach, wenn es im vorgesehenen Verfahren von der zuständigen Stelle erlassen worden ist. Damit kommt der Willensbildung in den gesetzgebenden Organen eine entscheidende Bedeutung zu. Umstritten bleibt, ob damit jeglicher Gehalt kraft gesetzgeberischer Entscheidung zu Recht werden kann, oder ob nicht dennoch materielle Maßstäbe wie elementare Gerechtigkeitsvorstellungen zu beachten sind, so dass Unrecht keine Rechtsgeltung erlangen kann. Diese Frage ist allerdings auf dem Boden des Positivismus zugunsten der materiellen Rechtsgehalte entschieden, wenn durch Gesetzesbestimmung ein Bezug auf diese überpositiven Gehalte hergestellt wird, wie dies in Art. 20 Abs. 3 GG mit der Bindung aller öffentlichen Gewalt an »Recht und Gesetz« der Fall ist.

Mit dem Gedanken des Rechtspositivismus lassen sich bestimmte Funktionsaspekte des Rechts verdeutlichen[19] und mit den bereits getroffenen Feststellungen zur Schrift als Kanon kontrastieren.

Zunächst ist zwischen der Gestaltung und der Anwendung des Rechts zu unterscheiden. Für die Rechtsgestaltung gilt die prinzipielle Änderbarkeit allen Rechts. Eine Norm ist nur so lange in Kraft, wie sie nicht durch den zuständigen Normgeber geändert wird. Geltungsgrund der Norm ist nicht nur, dass sie einmal durch den Gesetzgeber erlassen worden ist, sondern außerdem, dass sie seither nicht geändert worden ist, obwohl die Möglichkeit dazu bestanden hat. Der Rechtstext steht also nicht abschließend fest, sondern stets unter dem Vorbehalt neuer gesetzgeberischer Entscheidung.

Für die Rechtsanwendung gilt prinzipiell eine strikte Textbindung. Die gesetzte Norm gilt und bedarf, solange sie gilt, prinzipiell keiner weiteren Begründung. Der Diskurs wird durch die geltende Norm, also durch die Dezision des Gesetzgebers abgekürzt.

Dem Recht liegt der Gedanke der Einheit der Rechtsordnung zugrunde. Alle Normen sollen sich zu einem stimmigen und widerspruchsfreien System fügen. Dies wird durch das Prinzip der Normenhierarchie, wonach höherrangiges Recht anderem Recht vorgeht, und durch Auslegungsregeln, wonach spezielle Normen vor generellen und jüngere vor älteren gehen, gewährleistet.

---

[19] Dazu Niklas Luhmann, Positivität des Rechts als Voraussetzung einer modernen Gesellschaft, Jahrbuch für Rechtssoziologie und Rechtstheorie 1 (1970), 175–202, zitiert nach Ders., Ausdifferenzierung des Rechts. Beiträge zur Rechtssoziologie und Rechtstheorie, Frankfurt a.M. 1989, 113–153; vgl. auch Michael Moxter, Die Kirche und ihr Recht. Perspektiven einer theologischen Annäherung an den Rechtspositivismus, in: ZevKR 65 (2011), 113–139.

2.3 Recht und Schrift

In der Gegenüberstellung stellen sich die Schrift und das Recht als höchst konträr dar. Ist das Thema der Schrift allumfassend, geht es im Recht um isolierte Einzelfragen. Während der Bestand des Kanons weitgehend feststeht, ist das Recht permanentem Wandel unterworfen. Der Binnenpluralität der Schrift steht der Wille zur Eindeutigkeit und Einheitlichkeit beim Recht gegenüber. Aus alldem ergeben sich die unterschiedlichen Modi des Diskurses bzw. der Dezision, in denen sich die Normativität dieser Textbestände entfaltet.

Auch im Textbestand der Bibel, insbesondere im Alten Testament, sind im Bundesbuch, Deuteronomium und Heiligkeitsgesetz Rechtstexte zu finden.[20] Es wäre allerdings verfehlt, sie heute noch in dieser Weise zu lesen. Zum einen sind sie durch die Einbeziehung in den Kanon in einen weiteren Kontext gerückt, zum anderen haben sich die sozialen und rechtlichen Verhältnisse seither fundamental gewandelt. Zumal die Differenzierung von Recht und Religion in der Neuzeit führt dazu, dass diesen Texten als Rechtstexten nur noch historische Bedeutung zukommt. Schon Luther hat zwischen dem zeitlos gültigen natürlichen Gesetz und dem außerhalb seines Entstehungskontextes unverbindlichen jüdischen Volksgesetz als »der Juden Sachsenspiegel« unterschieden.[21]

3. Schrift und Bekenntnis im Kirchenrecht

Gegenstand des Kirchenrechts ist das kirchliche Handeln. »Kirchenrecht ist die Form, in der sich die Gemeinschaft der Getauften auf die Verheißung der Gegenwart Gottes hin darüber verständigt, welches kirchliche Handeln als geistlich angezeigt verantwortet werden soll.«[22] Das kirchliche Handeln stellt sich ganz wesentlich als Kommunikation des Evangeliums dar, also in der Fortführung des Deutungsgeschehens, dessen Ursprung in der Schrift seinen Niederschlag gefunden hat und durch ihre Kanonizität fortwährend provoziert wird. Materielle Grundlage der kirchlichen Normsetzung ist der kirchliche Auftrag, wie er sich aus Schrift und Bekenntnis ergibt. Diese sind jedoch keine Rechtstexte, sondern Artikulation dessen, was sich Menschen im Glauben als Wahrheit erschlossen hat.[23] »Dem schriftgemäßen Bekenntnis geht es um

---

[20] ECKART OTTO, Art. Recht III. Alter Orient und Altes Testament, in: RGG[4] 7 (2008), Sp. 87ff.

[21] BERNHARD LOHSE, Luthers Theologie in ihrer historischen Entwicklung und in ihrem systematischen Zusammenhang, Göttingen 1995, 291f.

[22] MICHAEL GERMANN, Kriterien für die Gestaltung einer evangelischen Kirchenverfassung, in: Kirche(n) in guter Verfassung, epd-Dokumentation Nr. 49/2006, 24. 26.

[23] MICHAEL GERMANN, Die Bindung der kirchlichen Gerichte an Schrift und Bekenntnis, ZRG 122 Kan.Abt. 91 (2005), 499. 536f.; MARTIN HONECKER, Synodale Gesetzgebung und

die Kommunikation der Wirklichkeit Gottes, der kirchlichen Rechtsnorm hingegen um die gemeinschaftliche Verantwortung kirchlichen Handelns.«[24] Damit ist fraglich, welche normative Wirkung diesen Texten im Kirchenrecht zukommt.

3.1. Jus divinum?

Man könnte Schrift und Bekenntnis eine normative Wirkung im Sinne eines *jus divinum*, eines göttlichen Rechts zuerkennen.[25] Dann könnten sie in eine Normhierarchie eingefügt und mit juristischen Methoden im Sinne eines Über-Verfassungsrechts angewendet werden. Eine solche Vorstellung steht allerdings in Spannung zum reformatorischen Kirchenverständnis. Denn der Einspruch der Reformatoren richtete sich gerade gegen die Verrechtlichung der Kirche. Indem in Art. 7 der Confessio Augustana als notwendige und hinreichende Bedingung für das Vorhandensein der Kirche ihre Grundvollzüge herausgestellt werden,[26] ist jeder weiteren Determinierung kirchlicher Ordnung durch ein *jus divinum* ein Riegel vorgeschoben. Damit kommen die Bekenntnisschriften als Deduktionsbasis kirchlicher Ordnung nicht in Betracht. Sie sind *keine Rechtsquelle.*[27]

Den Bekenntnisgrundlagen lassen sich jedoch elementare Strukturmerkmale der Kirche entnehmen, die nicht aufgegeben werden können, ohne die eigene Kirchlichkeit preiszugeben. Dazu gehört, dass die Grundvollzüge der Kirche stattzufinden haben, dass keine partikulare Konkretion der Kirche für sich bleiben kann und dass die Lehre der Kirche um der Reinheit der Verkündigung willen gepflegt werden muss.[28] Diese Grundsätze können in gewisse Weise als *jus divinum* bezeichnet werden, bedürfen aber noch der Ausgestaltung.[29] Die Kirche muss darum Gottesdienst-, Lehr- und Organisations-

----

Bekenntnis, in: Ders., Recht in der Kirche des Evangeliums (Jus ecclesiasticum 85), Tübingen 2008, 447. 451ff.

[24] Germann, Bindung (s. Anm. 23), 538.

[25] Dazu Markus B. Büning, Bekenntnis und Kirchenverfassung, Frankfurt a.M. u.a. 2002, 74ff.; Jens Neie, Bekenntnis, Bekenntnisstand und Bekenntnisbindung im evangelischen Kirchenrecht, Frankfurt a.M. u.a. 2009, 147ff.

[26] Christoph Schwöbel, Kirche als Communio, in: Wilfried Härle/Reiner Preul (Hrsg.), Marburger Jahrbuch Theologie VIII: Kirche, Marburg 1996, 11. 36.

[27] Germann, Bindung (s. Anm. 23), 526.

[28] Dietrich Pirson, Kirchliches Verfassungsrecht. Eigenart und notwendiger Inhalt, in: ZevKR 45 (2000), 89. 104ff.

[29] Martin Honecker, Kirchenrechtliche Aufgaben und Probleme aus theologischer Sicht, in: ZevKR 41 (1996), 388. 407.

Ordnungen ausbilden.[30] »Wir haben das jus divinum immer nur in der Form des jus humanum.«[31]

3.2 Verständigungshorizont und Rechtserkenntnisquelle

Indem die Kirche auf bestimmten Bekenntnissen gründet, ist ihr ein bestimmter Verständigungshorizont für die Gestaltung und Anwendung der kirchlichen Ordnung gegeben. Das Kirchenrecht ist im Unterschied zum säkularen staatlichen Recht religiös-weltanschaulich distinkt. Die Verständigung über Wertungen, Begründungen und Legitimation ist an einen kanonisierten Bestand von Aussagen gekoppelt, die axiomatisch dem Diskurs vorausgesetzt sind. Das macht Interpretations- und Verständigungsvorgänge nicht entbehrlich, sondern erst recht anspruchsvoll, gibt ihnen aber eine identifizierbare Bezugsgröße. Für die Auslegung und Anwendung des Kirchenrechts kommt Schrift und Bekenntnis damit die Funktion einer *Rechtserkenntnisquelle* zu.[32] Für die Rechtsgestaltung stellen sie den Verständigungshorizont dar.

Dabei sind den Bekenntnissen über die bereits genannten elementaren Strukturmerkmale hinaus wenig konkrete Vorgaben zu entnehmen. Neben diesen *Konstitutiva* kirchlicher Existenz lassen sich noch weitere Kennzeichen der Kirche ausmachen, die als Früchte des Glaubens, als Lebenszeugnis der Kirche, als *Vitalia* zu verstehen sind. Und es gibt den (in seiner Abgrenzung immer umstrittenen) Bereich der *Adiaphora*.[33] Für diese stark entwicklungsoffenen und kontextabhängigen Aspekte kirchlicher Existenz ziehen Schrift und Bekenntnis einen äußeren Gestaltungsrahmen und schließen bestimmte Gestaltungsmöglichkeiten aus. Alles Weitere bleibt menschlicher Gestaltung überlassen.

Für die *Gestaltung* des positiven Kirchenrechts können innerhalb dieses Rahmens den Bekenntnissen Wertungsgesichtspunkte entnommen werden. So kommt den Attributen der Kirche nach den altkirchlichen Bekenntnissen eine gewisse Orientierungsfunktion zu. Die im einen Glauben gegründete Einheit der Kirche steht einer Selbstisolierung von Partikularkirchen entgegen; die Heiligkeit der Kirche gemahnt, dem Zuspruch und Anspruch des Evangeliums in allen Lebensbezügen Raum zu geben; die Katholizität verweist auf die missionarische Verantwortung und die Apostolizität auf die Bedeutung der Leh-

---

[30] EILERT HERMS, Die Ordnung der Kirche, in: DERS., Erfahrbare Kirche. Beiträge zur Ekklesiologie, Tübingen 1990, 102. 105ff.

[31] HANS DOMBOIS, Das Recht der Gnade, Bd. I (Forschungen und Berichte der Evangelischen Studiengemeinschaft 20), 1961, 511.

[32] GERMANN, Bindung (s. Anm. 23), 539; MARTIN HONECKER, Art. Kirchenrecht, (Th), in: WERNER HEUN u.a. (Hrsg.), Evangelisches Staatslexikon, Neuausgabe, Stuttgart 2006, Sp. 1201. 1211f.

[33] MARTIN ABRAHAM, Evangelium und Kirchengestalt. Reformatorisches Kirchenverständnis heute, Berlin 2007, 46ff. 77ff. 118ff.

re.[34] Im Übrigen haben bei der Gestaltung der kirchlichen Ordnung auch Zweckmäßigkeitserwägungen ihren Raum: »Alle kirchliche Ordnung steht damit im Koordinatenkreuz von Bekenntnis und christlicher Gestaltungsfreiheit«.[35]

Bei der *Anwendung* des Kirchenrechts kommt den Bekenntnissen ebenfalls Orientierungsfunktion zu. Immer, wenn Normen ausgelegt werden müssen, geschieht dies im Verständigungshorizont von Schrift und Bekenntnis.[36] Dabei kann es zu Konkretisierungen und auch Geltungseinschränkungen einer Norm kommen. Auch die Ausübung von Ermessen ist an Schrift und Bekenntnis zu orientieren. Weiterhin geben die Bekenntnisse den Maßstab für alle Verfahren vor, in denen es um die Lehre geht, also theologische Prüfungen, Lehrgespräche, Visitationen und Lehrbeanstandungsverfahren.

3.3. Unterscheidung und Einheit von Geist und Recht

Für das Kirchenrecht ist die Einsicht fundamental, dass die Leitung der Kirche – und damit auch die Gestaltung und Anwendung des Kirchenrechts – »geistlich und rechtlich in unaufgebbarer Einheit« zu geschehen hat. Dieses »Leitungsdogma« hat seit dem Zweiten Weltkrieg ausdrücklich Eingang in etliche Kirchenverfassungen gefunden, wird aber auch sonst zugrundegelegt.[37] Es betont zum einen den Zusammenhang von Botschaft und Ordnung der Kirche wie er in der dritten These der Barmer Theologischen Erklärung von 1934 festgehalten worden ist:

> »Die christliche Kirche ist die Gemeinde von Brüdern, in der Jesus Christus in Wort und Sakrament durch den Heiligen Geist als der Herr gegenwärtig handelt. Sie hat mit ihrem Glauben wie mit ihrem Gehorsam, mit ihrer Botschaft wie mit ihrer Ordnung mitten in der Welt der Sünde als die Kirche der begnadigten Sünder zu bezeugen, dass sie allein sein Eigentum ist, allein von seinem Trost und von seiner Weisung in Erwartung seiner Erscheinung lebt und leben möchte.
> Wir verwerfen die falsche Lehre, als dürfe die Kirche die Gestalt ihrer Botschaft und ihrer Ordnung ihrem Belieben oder dem Wechsel der jeweils herrschenden weltanschaulichen und politischen Überzeugungen überlassen.«

---

[34] Wilfried Härle, Art. Kirche VII. Dogmatisch, in: TRE 18 (2000), 285. 292f.

[35] Christoph Link, Rechtstheologische Grundlagen des evangelischen Kirchenrechts, in: ZevKR 45 (2000), 73. 84.

[36] Germann, Bindung (s. Anm. 23), 538f.

[37] Art. 7 Grundordnung der Ev. Landeskirche in Baden i.d.F. vom 28.4.2007 (KABl., 81); Art. 5 Verfassung der Ev.-Luth. Kirche in Bayern i.d.F. vom 6.12.1999 (KABl., 2000, 10); Art. 5 Abs. 1 Verfassung der Ev. Kirche in Mitteldeutschland vom 5.7.2008 (KABl., 183); Art. 1 Abs. 3 Verfassung der Ev.-Luth. Kirche in Norddeutschland vom 7.1.2012 (KABl., 2); in etwas missglückter Formulierung (»Zusammenwirken«): Art. 5 S. 1 Kirchenordnung der Ev. Kirche in Hessen und Nassau i.d.F. vom 20.2.2010 (KABl., 118).

Auf der anderen Seite sind Geist und Recht zu unterscheiden und dürfen nicht vermengt werden. Hier kann die Zwei-Regimenten-Lehre fruchtbar gemacht werden.[38] Danach ist zwischen zwei Weisen des göttlichen Regiments zu unterscheiden: Das geistliche Regiment »zur Rechten« betrifft das Glaubensleben, das Mittel ist die Verkündigung und Gewaltmittel sind ausgeschlossen (*sine vi sed verbo*). Das weltliche Regiment »zur Linken« betrifft Sicherheit und äußeren Frieden, das Mittel ist das Recht und letztlich die beim Staat monopolisierte Gewalt. Das weltliche Regiment macht nicht fromm, das geistliche hat keine Machtmittel, Böses zu verhindern.

Diese Unterscheidung der Regimente ist auch innerhalb der Kirche anzuwenden. Damit verbietet sich eine rechtliche Regulierung des eigentlichen Verkündigungshandelns, das allein auf das Wort und das Wirken des Heiligen Geistes angewiesen ist. Nur so kann es Glauben bei den Menschen wirken.

4. Regelungsbedürftigkeit und -resistenz des Gottesdienstes

Die rechte Unterscheidung und Zuordnung von Geist und Recht wird paradigmatisch beim Jus liturgicum deutlich. Das Jus liturgicum hat die Vorgänge zum Gegenstand, in denen die Vergegenwärtigung des Evangeliums durch Liturgie und Predigt geschieht, also zentrale Vorgänge, in denen die Normativität der Schrift entfaltet wird. Im Jus liturgicum treffen *Diskurs* und *Dezision* aufeinander. Zu rechtlicher Regulierung verhält sich der Gottesdienst ambivalent. Einerseits ist eine Regelung aus verschiedenen Gründen angezeigt, andererseits entzieht er sich einer solchen:[39]

Im Gottesdienst wird eine Dimension menschlichen Daseins rituell zur Anschauung gebracht, die in alltäglicher Wahrnehmung zunächst verborgen bleibt. Der Gottesdienst ist nicht selbstverständlich, die alltäglichen Vollzüge nötigen nicht zu ihm. Darum steht der Gottesdienst immer in der Gefahr der Vernachlässigung. Es ist die Aufgabe der Kirche, dafür zu sorgen, dass Got-

---

[38] Wilfried Härle, Art. Zweireichelehre II. Systematisch-theologisch, in: TRE 36 (2004), 784ff.; Dietrich Korsch, Martin Luther. Eine Einführung, Tübingen [2]2007, 118ff.; Michael Roth, Art. Zwei-Reiche-Lehre, in: Werner Heun u.a. (Hrsg.), Evangelisches Staatslexikon, Neuausgabe, Stuttgart 2006, Sp. 2789–2796.

[39] Zum Gottesdienst: Gerhard Ebeling, Die Notwendigkeit des christlichen Gottesdienstes, in: Ders., Wort und Glaube, Bd. 3, Tübingen 1975, 533–553; Eilert Herms, Überlegungen zum Wesen des Gottesdienstes, in: KuD 40 (1994), 219–247 = in: Ders., Kirche für die Welt. Lage und Aufgabe der evangelischen Kirchen im vereinigten Deutschland, Tübingen 1995, 318–348; Eberhard Jüngel, Der evangelisch verstandene Gottesdienst, in: Ders., Theologische Erörterungen 3: Wertlose Wahrheit. Zur Identität und Relevanz des christlichen Glaubens, München 1990, 283–310.

tesdienste regelmäßig und an allen Orten gefeiert werden. Diese Verantwortlichkeit bedarf rechtlicher Ordnung.

Im Gottesdienst vollzieht sich in zeitlicher und räumlicher Konkretion, was für die Kirche in ihrer Zeiten und Räume umgreifenden Universalität konstitutiv ist. Im Gegenzug ist der Universalitätsaspekt für die konkreten Vollzüge wesentlich, denn jede konkrete Gestalt der Kirche ist zwar ganz Kirche aber niemals die ganze Kirche. Der Bezug zur Universalkirche ist für jede konkrete Erscheinungsform essentiell.[40] Durch eine übergreifende Ordnung kann gewährleistet werden, dass die verschiedenen Konkretionen als Gottesdienste der einen universalen Kirche erkennbar bleiben.

Der Gottesdienst als ritueller Vollzug stellt sich als komplexe Interaktion der an seinem Vollzug beteiligten Menschen dar.[41] Daraus können sich in verschiedener Weise Spannungen ergeben und zwar sowohl zwischen jedem beteiligten Individuum und der Gemeinschaft, als auch zwischen der Gemeinschaft und denjenigen Individuen, die eine besondere Funktion, ein Amt für die Gemeinschaft, wahrnehmen.

Wie jede Versammlung wird die gottesdienstliche Gemeinschaft aus Individuen gebildet. Die einzelnen Gottesdienstteilnehmer sind Teil der Gemeinschaft, aber als Individuen auch von der Gemeinschaft unterschieden. Gottesdienst ist ein gemeinschaftlicher Vollzug, in dem es um den Glauben geht, welcher wiederum eine höchst individuelle Angelegenheit und zugleich auf Gemeinschaft angewiesen ist. Dabei sind gemeinschaftlicher Vollzug und individueller Glaube nicht ohne weiteres konsonant, es können Spannungen und das Bedürfnis entstehen, sich von gemeinschaftlichen Vollzügen innerlich oder äußerlich zu distanzieren.[42]

Um gemeinschaftlich handlungsfähig zu sein, müssen zudem einzelne für die Gemeinschaft bestimmte Funktionen wahrnehmen. Im Gottesdienst sind dies insbesondere Prediger, Liturgen, Lektoren und Kirchenmusiker.[43] Sie alle üben im doppelten Sinn ein Amt für die Gemeinde aus. Zum einen ist ihre Tätigkeit auf die Gemeinde hin gerichtet, sie dient der Gemeinschaft. Zum anderen handeln die Akteure als Vertreter für die Gemeinde, d.h. in ihrem Namen. Sie beziehen ihren Auftrag von der Gemeinde. Indem sie eine bestimmte Funktion für die Gemeinde wahrnehmen, die gerade ihnen und nicht anderen zugewiesen ist, üben diese Akteure Macht aus.

---

[40] DIETRICH PIRSON, Die protestantischen Kirchen im universalkirchlichen Zusammenhang, in: Essener Gespräche zum Thema Staat und Kirche 37 (2003), 23. 25.

[41] Vgl. KARL-HEINRICH BIERITZ, Liturgik, Berlin 2004, 160ff.

[42] Wenn dem oft bestehenden Wunsch, der Gemeinschaft durch Formen auch körperlicher Interaktion deutlicheren Ausdruck zu geben, in ritualisierter Form entsprochen wird, kann dies für einzelne zu eine peinlichen Nötigung werden, ihrem gegenwärtigen Empfinden Gewalt anzutun. Kluge Gottesdienstgestaltung nimmt darauf Rücksicht und lässt Spielräume.

[43] BIERITZ, Liturgik (s. Anm. 41), 185ff.; zur grammatischen Gestalt von Personenbezeichnungen vgl. GERMANN, Kriterien (s. Anm. 22), 28.

Durch rechtliche Regulierung können diese Spannungen bearbeitet, Konflikte minimiert und Machtmissbrauch eingeschränkt werden.

Andererseits steht der Gottesdienst einer rechtlichen Regulierung in seinem Kern entgegen. Im Rückgriff auf reformatorische Einsichten lassen sich dazu zwei Aspekte festhalten:

Zum einen ist der Gottesdienst zwar einer rechtlichen Ordnung zugänglich, weil seine äußere Form keine Heilsfunktion hat; darum konnten in der Reformationszeit auch überlieferte Formen schadlos übernommen werden. Die Festlegung einer Gottesdienstordnung ist jedoch problematisch, sobald die Suggestion einer Heilsfunktion gleichwohl entsteht und der Gottesdienst als ein verdienstliches Werk angesehen wird.[44]

Zum anderen ist gerade hier an der Unterscheidung nach der Zwei-Regimenten-Lehre festzuhalten.[45] Das Gottesdienstrecht kann das glaubensweckende und -stärkende Kommunikationsgeschehen nicht determinieren. Das Recht kommt hier insofern an seine Funktionsgrenzen, als es um personale Kommunikationsvorgänge geht, deren Reichtum durch Regulierung eingeschränkt würde. Es kann dieses Geschehen lediglich durch Regelung der äußeren Form ermöglichen und schützen. Im Jus liturgicum treffen die verschiedenen Modi, in denen die Schrift und das Recht ihre Normativität entfalten, also »Diskurs« und »Dezision« unmittelbar aufeinander. Die darin angelegte Spannung ist für das Kirchenrecht insgesamt prägend, tritt hier aber besonders eindrücklich in Erscheinung.

5. Regelungsmodelle

5.1 Historisch

Regelungsbedürftigkeit und -resistenz des liturgischen Handelns sind in der Kirchengeschichte unterschiedlich bearbeitet worden. »Die Agendengeschichte des 19. und 20. Jahrhunderts lässt sich als Entwicklung von territorial begrenzten, aber festen Vorschriften hin zu einem immer größeren Geltungsbereich bei gleichzeitig liberaler werdender Ordnung auffassen.«[46]

---

[44] Confessio Augustana, Art. 15.

[45] A.a.O. Art. 28.

[46] MICHAEL MEYER-BLANCK, Gottesdienstlehre, Tübingen 2011, 178; zum Folgenden a.a.O., 172–183; DERS., Freiheit der Mitteilung und Darstellung. Das Verhältnis von liturgischer und kirchlicher Ordnung anhand der Entstehung der preußischen Agenden von 1822 und 1895, in: DERS., Agenda. Zur Theorie liturgischen Handelns (Praktische Theologie in Geschichte und Gegenwart 13), Tübingen 2013, 15–54. 21ff.; BIERITZ, Liturgik (s. Anm. 41), 536–554; OSKAR SÖHNGEN, Über das Jus liturgicum, in: ZevKR 8 (1961/62), 303–326.

Am Anfang steht der preußische Agendenstreit, der dadurch ausgelöst wurde, dass König *Friedrich Wilhelm III.* ab 1822 versuchte, seine eigene Agende allgemein verbindlich durchzusetzen. Die allgemeine Verbreitung der Agende war erst möglich, nachdem Zugeständnisse an die Reformierten und die einzelnen Provinzen gemacht worden waren. 1829 bis 1834 kamen mit »besonderen Bestimmungen und Zusätzen« die Provinzialausgaben der »Agende für die evangelische Kirche in den Königlich Preußischen Landen« heraus. Eine Revision erfolgte 1856.

Im Jahr 1895 wurde schließlich die erneuerte »Agende für die Evangelische Landeskirche« durch Kirchengesetz des Königs von Preußen mit Zustimmung der Generalsynode in Kraft gesetzt. Dabei wurde im Hinblick auf die Verbindlichkeit für die Einzelgemeinden differenziert: Für kirchenregimentliche Akte, deren Bedeutung über die Einzelgemeinden hinausgeht, wie Ordination, Trauung, Einführung von Geistlichen und Ältesten sowie Einweihung von Kirchen war die Agende ohne weiteres verbindlich. Für den Hauptgottesdienst und die Konfirmation stand den Gemeinden ein Vetorecht zu, so dass sie auch bei ihrer herkömmlichen Ordnung bleiben konnten. Die Ordnungen für den Gebrauch der Sakramente nebst der Beichte bedurften der Zustimmung der Gemeindeorgane. Weitere Ordnungen für Nebengottesdienste waren den Pfarrern lediglich empfohlen.

Prägend für die weitere Entwicklung wurden die liturgischen Bewegungen des späten 19. und frühen 20. Jahrhunderts. Während die ältere liturgische Bewegung den Gottesdienst für den gesellschaftlichen Wandel öffnen wollte und agendenkritisch eingestellt war, strebte die jüngere liturgische Bewegung zwischen den Weltkriegen unter verschiedenen Leitvorstellungen an, den Gottesdienst als besondere religiöse Veranstaltung zu profilieren. Sie erhielt zusätzlichen Auftrieb durch den Kirchenkampf, indem der Verfälschung des Gottesdienstes in Anknüpfung an reformatorische Grundlagen eine überzeitliche Gestalt entgegengestellt werden sollte. Dieser gegenkulturelle Zug führte in der restaurativen Phase der Nachkriegszeit zur Verabschiedung entsprechender Agenden.

Der Trend zum größeren Geltungsbereich setzte sich fort: Nicht nur, dass die maßgeblichen Agendenwerke nunmehr von den Zusammenschlüssen der VELKD und der EKU erarbeitet wurden, sondern darüber hinaus arbeiteten diese zusammen, um ein möglichst großes Maß an Gemeinsamkeit zu erreichen. 1955 wurde die Agende I von der VELKD verabschiedet, 1959 von der EKU. Beide Agenden ließen in Maßen Abweichungen und Spielräume zu. Über die Einführung hatten die Gliedkirchen jeweils eigenständig zu entscheiden. Hiervon haben die Gliedkirchen der EKU unterschiedlich Gebrauch gemacht.

In den folgenden Jahrzehnten zeigte sich, dass die liturgische Engführung an der gesellschaftlichen Wirklichkeit vorbeiging. Nicht zuletzt durch die Kirchentage kam es zur Entwicklung und Erprobung alternativer Gottesdienstformen. Die Lutherische Liturgische Konferenz verfasste 1974 ein »Strukturpapier«, das 1980 durch die gemeinsame Erarbeitung einer Agende für die VELKD und die EKU aufgegriffen wurde, die schließlich in das Evangelische Gottesdienstbuch (EGb) mündete, das 1998 von der VELKD und 1999 von der EKU als neue Agende verabschiedet und zum Ersten Advent 1999 in Gebrauch genommen wurde. Es greift bestehende Traditionen auf, stellt eine gemeinsame Grundstruktur fest und ermöglicht auf dieser Grundlage mannigfache Varianten der Gottesdienstgestaltung.

5.2 Gegenwart

Die Zuständigkeit für das Jus liturgicum ist nicht an einer Stelle monopolisiert. Die Landeskirchen haben – meist durch Synodenbeschluss oder Kirchengesetz – über die Einführung von Agenden zu entscheiden und haben dies zuletzt weitgehend durch Übernahme des Evangelischen Gottesdienstbuches getan. Innerhalb des so gesteckten Rahmens können die Kirchengemeinden ihre Gottesdienstordnung festlegen. Veränderungen der Gottesdienstordnung bedürfen regelmäßig des Einvernehmens zwischen Pfarrern und Kirchenvorstand sowie einer kirchenaufsichtlichen Genehmigung.

Die inhaltliche Gestaltung der Gottesdienste obliegt Pfarrern und Kirchenmusikern. Außer den Pfarrern können auch Prädikanten und Lektoren nach Maßgabe der einschlägigen Kirchengesetze mit der Leitung von Gottesdiensten betraut werden. Sie alle sind durch ihren Auftrag zu jeweils eigenverantwortlicher Gestaltung und konstruktiver Zusammenarbeit verpflichtet. In ihrem Dienst sind sie an die geltende Gottesdienstordnung gebunden. Weitere Gemeindeglieder können im Ablauf des Gottesdienstes beteiligt werden.

Das Jus liturgicum erweist sich damit als ein sehr lebendiges und gestaltbares Recht. Es beschränkt sich darauf, einen äußeren Rahmen und eine Grundstruktur festzulegen, und überlässt die konkrete Gestaltung dem Wechselspiel und der Verständigung unter den unterschiedlich Verantwortlichen.

5.3 Perikopenordnung

Wie die Schrift innerhalb des Gottesdienstes unmittelbar zur Sprache kommt, wird durch die Auswahl der Lese- und Predigttexte in der Perikopenordnung gesteuert. Darin sind für jeden Sonn- und Feiertag je eine Lesung aus den Evangelien, den Episteln und dem Alten Testament vorgesehen. Über diese und drei weitere Texte ist in einem sechsjährigen Turnus zu predigen. Die Perikopenordnung geht auf älteste Traditionen zurück, wurde aber auch schon verschiedentlich revidiert. Eine weitere Revision ist derzeit in der Diskussion.[47] Dabei wird zuweilen auch der Sinn dieser Ordnung ganz grundsätzlich infrage gestellt.[48] Dazu seien an dieser Stelle abschließend drei Bemerkungen gemacht:

Die Endlichkeitsbedingungen, denen jede Gottesdienstfeier unterliegt, machen es unmöglich, die Schrift in ihrer Totalität wahrzunehmen. Eine Auswahl ist unweigerlich notwendig. In dieser Auswahl sollte jedoch stets ein Geschmack von der Schrift insgesamt wahrnehmbar werden, d.h. ihre Binnenpluralität muss erkennbar bleiben. Das spricht für die Zusammenstellung verschiedener Perikopen, die auch in Spannung zueinander stehen können.

Die allgemeingültige Festlegung der Lese- und Predigttexte stiftet einen Zusammenhang zwischen den verschiedenen Gemeinden und kann so Ausdruck der universalkirchlichen Dimension sein. Außerdem nötigt die Vorgabe eines Predigttextes zur Auseinandersetzung, und als Prediger ist man weniger versucht, seinen eigenen Vorlieben und Beschränkungen zu folgen.

Aufgrund ihrer langen Tradition stellt die Perikopenordnung mittlerweile ein Kulturgut eigenen Ranges dar und ist eingebunden in ein Netz kultureller Bedeutung. Es sei nur an das reiche kirchenmusikalische Schaffen erinnert, das sich oft genug an dem Proprium der Sonn- und Feiertage orientiert. Nicht nur die Kantaten *Johann Sebastian Bachs* verlieren ohne den Zusammenhang mit dem gelesenen Bibelwort an Bedeutungsreichtum. Das sollte man nicht ohne Not preisgeben.

Die Schrift – so wurde eingangs gesagt – entfaltet ihre Normativität, indem sie zur Auseinandersetzung nötigt. Das Jus liturgicum setzt für solche Auseinandersetzung und Vergegenwärtigung einen verbindlichen und verlässlichen Rahmen. Die Kunst besteht darin, beides so miteinander zu verbinden, dass sich der Reichtum, der darin steckt, entfalten kann. Das bleibt eine ständige Herausforderung, doch die Mühe wird reich belohnt.

---

[47] Auf dem Weg zur Perikopenrevision. Dokumentation einer wissenschaftlichen Fachtagung, veröffentlicht von EKD, UEK und VELKD, Hannover 2010.

[48] CHRISTIAN GRETHLEIN, Was gilt in der Kirche? Perikopenrevision als Beitrag zur Kirchenreform (ThLZ.F 27), Leipzig 2013.

»Weil Gott die wunderbare Vielfalt liebt«: Die Pluralität biblischer Texte als theologische Aufgabe

Melanie Köhlmoos

1. Die Aufgabe

Der Haupttitel meines Vortrags ist ein Zitat aus dem Film »Robin Hood – König der Diebe« von 1991. In diese Fassung der Robin-Hood-Legende wird ein Maure eingefügt, der sich Robin und seinen Leuten anschließt. Er ist den mittelalterlichen Europäern auf beiden Seiten natürlich technologisch und philosophisch weit voraus und trägt damit nicht unerheblich zum Sieg Robin Hoods bei. In einer Kampfpause fragt ein kleines Mädchen den dunkelhäutigen Mauren: »Warum hat Gott dich angemalt?« Und der Maure antwortet: »Weil Allah – Gott – die wunderbare Vielfalt liebt.«

Das Zitat kam mir spontan in den Sinn; der Satz ist innerhalb und außerhalb der Theologie durchaus konsensfähig. Und er ist sogar gut biblisch: Nach Gen 1 (und Ps 104) sind die Geschöpfe vielfältig geschaffen – ein jegliches nach seiner Art – »und siehe, es war sehr gut.« Es schien also zu passen. Ob es mit der Pluralität wirklich so einfach ist, ist die Frage.

Als ich die Szene noch einmal ansah, fiel mir auf, dass auch sie nicht ganz so einfach ist. Der Maure behauptet ja, Allah und Gott seien derselbe. Das ist zweifellos ein Aspekt des Tagungsthemas »Pluralität und Verbindlichkeit«, aber nicht mein Thema.

Ich möchte mich vielmehr mit der Pluralität biblischer Texte beschäftigen und nehme die Pluralität wörtlich. Es geht mir nicht primär um die Vielfalt oder Vieldeutbarkeit der Texte – die müsste man mit dem derzeitigen Leitbegriff als »Diversität« bezeichnen. Ich möchte mich tatsächlich mit der *Vielzahl* der biblischen Texte auseinandersetzen. Allerdings hängen Vielfalt und Vielzahl unmittelbar miteinander zusammen: Die historische Kritik hat die *Vielfalt der Aussagen* mit der *Vielzahl der Texte* erklärt: Jeder einzelne Text und Teil-Text reagiert auf eine bestimmte theologisch-historische Konstellation und formuliert seine Aussage. Irgendwann sind diese vielen einzelnen Texte dann zu den jeweiligen Corpora zusammengefasst worden, die den Kanon bilden.

In meinen Ausführungen möchte ich der Frage nachgehen, was der Erkenntnisgewinn dieser Betrachtungsweise gegenüber anderen Erklärungen ist. Außerdem möchte ich nach dem genuin theologischen Aspekt des Befundes fragen. Nach meiner Ansicht bedarf die Exegese dringend einer theoretischen Klärung des Text-Begriffs.

2. Das Problem

Als exemplarisches Beispiel für meine Darstellung habe ich Gen 1–3 ausgewählt und zwar aus folgenden Gründen:

1) Dass in Gen 1–3 zwei unterschiedliche Schöpfungstexte vorliegen, ist der Auslegung seit ihren Anfängen klar gewesen. Strategien zum Umgang mit der Vielfalt sind daher schon früh entwickelt worden. Zu fragen ist nach der Kontinuität und/oder Diskontinuität der modernen Exegese zu den älteren Modellen.
2) Die alttestamentliche Urgeschichte Gen 1–11 ist geradezu das Paradigma für die Notwendigkeit und die Plausibilität der klassischen historischen Kritik gewesen: Bei keinem anderen Text des Pentateuch liegt die Aufteilung auf (mindestens) zwei Quellen so nahe und hat soviel Erklärungswert.[1]
3) Umgekehrt blieb die Urgeschichte von den Umbrüchen in der neueren und neuesten Pentateuchforschung am längsten unberührt. Allem Anschein nach hat daher das klassische Erklärungsmodell in der Urgeschichte einen höheren Erklärungswert als in anderen Teilen der Bibel.[2]
4) Schließlich ist die Urgeschichte theologisch einer der sensibelsten Texte des Alten Testaments:

> »Wie wahrscheinlich kein anderes Textcorpus des Alten Testaments haben die Erzählungen von Gen 1–11 direkten Einfluss auf die Bildung dogmatischer Lehrsätze genommen. Hier finden sich verdichtet die loci classici der Anthropologie, der Schöpfungs- und Sündenlehre. Ohne die Urgeschichte [...] wäre die Erbsündenlehre ebenso wenig denkbar wie die Vorstellung vom Menschen als Bild Gottes.«[3]

Zu Beginn möchte ich Ihnen die exegetischen Probleme von Gen 1 und 2–3 noch einmal kurz ins Gedächtnis rufen.

- Es handelt sich um stilistisch und formal unterschiedliche Texte
- Gen 1 spricht von »Gott«; Gen 2–3 verwenden das Tetragramm (in der ungewöhnlichen Fügung »JHWH Elohim«)

---

[1] Vgl. ANDREAS SCHÜLE, Der Prolog der hebräischen Bibel. Der literar- und theologiegeschichtliche Diskurs der Urgeschichte (Genesis 1–11) (AThANT 86), Zürich 2006, 11f.
[2] Vgl. a.a.O., 20 und passim.
[3] A.a.O., 2.

- Gen 1 ordnet die letzten Schöpfungswerke in die Reihenfolge Landtiere – Mensch als männlich und weiblich
- Gen 2 hat die Anordnung Mann – Tiere – Frau
- In Gen 1 wird der Mensch als Bild Gottes geschaffen und bedingungslos mit Herrschaft und Vermehrung beauftragt
- In Gen 1 steht Vermehrung in Zusammenhang mit dem Segen
- Von einer Sterblichkeit des Menschen ist in Gen 1 nicht die Rede
- In Gen 2 wird der Mensch zum Bebauen und Bewahren des Gartens geschaffen; die Tiere sind ihm zunächst als Partner zugedacht
- Das Leben im Garten steht in Gen 2 unter einer Bedingung. Sterblichkeit ist die Folge des menschlichen Ungehorsams
- Vermehrung steht ab Gen 3 unter dem Zeichen des Fluchs

Die Aufgabe, Gen 1 und Gen 2–3 ins Verhältnis zu setzen, wird durch die Verknüpfung der beiden Texte noch zusätzlich erschwert. Die Formulierung von Gen 2,4b »Zu der Zeit (wörtlich: an dem Tag), als JHWH Elohim Erde und Himmel schuf« suggeriert eine Gleichzeitigkeit der beiden Schöpfungsvorgänge. Unter dieser Voraussetzung werden die beobachteten Sachverhalte erst wirklich zum Problem.

2.1 Vorkritische Lösungsansätze

Bevor ich die Analyse der historischen Kritik darstelle, werde ich drei exemplarische vor-kritische Auseinandersetzungen mit Gen 1–3 diskutieren. Wie hat die Auslegungsgeschichte das Problem der Vielfalt der Texte gelöst, bevor sie es mit der Vielzahl beantwortete? Die drei Texte sind unter folgenden Gesichtspunkten ausgewählt:

- Es muss ihnen der hebräische Text vorgelegen haben
- Die Rezeption der Schöpfungstexte soll nicht durch die Integration der Legende vom Engelfall zusätzlich verkompliziert werden
- Sie sollen nicht christologisch weitergedacht worden sein
- Die Genesis-Texte sollen nicht allegorisch ausgelegt werden.

Berücksichtigt man diese Faktoren, ergeben sich drei Texte, die einen exemplarischen Umgang mit der Genesis darstellen, und material etwa denselben Ausgangspunkt haben wie die neuzeitliche Exegese.

2.1.1 Vorkritische Modelle I: Sir 16–17

In Sir 16–18 setzt sich Ben Sira mit dem Verhältnis von Gottes Vorsehung und der menschlichen Verantwortung auseinander. Dabei gibt er in 16,24–17,7 eine

Paraphrase der Schöpfungsberichte.[4] Ben Sira harmonisiert Gen 1 und Gen 2–3. Die kosmische Ordnung von Gen 1 ist die Leitidee,[5] in die Teile von Gen 2–3 integriert werden. Gen 2,7 und Gen 1,28 werden identifiziert: Der Mensch ist Gottes Ebenbild, und zwar als Erdgeschöpf. Die Sterblichkeit wird dabei Teil der Geschöpflichkeit, sie ist nicht Folge des Falls, sondern Teil der Ordnung. Das gleiche gilt für die Erkenntnis, die sich der Mensch gerade nicht entgegen der Anweisung Gottes angeeignet hat. Zusammenfassend nach Schüle:

> »Der positiv wahrgenommene Text umfasst demnach insgesamt Gen 1–2,7 und 3,19b. Der so gesehene Mensch ist der, dem Gott das Herz erleuchtet, den er mit der Erkenntnis des Guten und des Bösen erfüllt hat und der insofern auch fähig ist, Gottes Bund zu halten. Ausgeklammert wird dagegen der gesamte Block von Gen 2,8 bis 3,19a, also die eigentliche Eden-Erzählung.«[6]

Über Schüle hinaus ist festzuhalten, dass die eigentliche Eden-Erzählung nicht ausgeklammert, sondern um 180 Grad gedreht rezipiert wird: Es gibt keinen »Fall«, sondern der Mensch entwickelt sich gemäß der Schöpfungsordnung.

2.1.2 Vorkritische Modelle II: Jub II–III

Das aus dem 2. Jh. v. Chr. stammende Jubiläenbuch ist eine Neuerzählung von Gen–Ex. Bis heute ist umstritten, ob es sich dabei um einen Kommentar handelt, oder ob Jub konzipiert wurde, um Gen–Ex zu ersetzen. Die Ereignisse bis zum Sinai werden Mose von einem Engel offenbart; dabei werden bestimmte Gesetzesvorschriften aus ihrem sinaitischen Ursprung gelöst und in die Väterzeit oder in die Schöpfung verlegt. Das narrative Gerüst ist eine Weltchronologie, die nach einem Sonnenkalender und einem Schema von Jahren, Jahrwochen und Jubiläen zählt.[7] Die Schöpfung findet sich in Jub II 5ff.[8]

Der Umgang des Jubiläenbuches mit seiner Vorlage ist methodisch einigermaßen komplex. Ich möchte mich daher auf die auffälligsten Sachverhalte beschränken.[9] Auch Jub harmonisiert die beiden Texte. Der Garten Eden wird

---

[4] Zu Text und Übersetzung vgl. GEORG SAUER, Jesus Sirach/Ben Sira (ATD Ap 1), Göttingen 2000, 137–140.

[5] Vgl. URSEL WICKE-REUTER, Göttliche Providenz und menschliche Verantwortung bei Ben Sira und in der frühen Stoa (BZAW 298), Berlin/New York 2000, 147.

[6] SCHÜLE, Prolog (s. Anm. 1), 167.

[7] Forschungsüberblick: JAMES C. VANDERKAM, The Origins and Purposes of the Book of Jubilees, in: MATTHIAS ALBANI u.a. (Hrsg.), Studies in the Book of Jubilees (TSAJ 65), Tübingen 1997, 324.

[8] KLAUS BERGER, Das Buch der Jubiläen (JSHRZ II), Gütersloh 1981, 327–338.

[9] Ausführlich: JACQUES T.A.G.M. VAN RUITEN, Primaeval History Interpreted. The Rewriting of Genesis 1–11 in the Book of Jubilees (JSJ.S 66), Leiden 2000.

bereits in den Schöpfungsbericht integriert.[10] In der Menschenschöpfung fehlt jeder Bezug auf die Gottebenbildlichkeit, geschaffen werden »Mann und Frau« (nicht »Männlich und Weiblich«). Es gibt einen Herrschaftsauftrag, aber keinen Fruchtbarkeitssegen. Indem Eden zum Heiligtum erklärt wird, gelten dort Reinheitsvorschriften, die jede Sexualität ausschließen. Insofern - und durch den fehlenden Fruchtbarkeitssegen - gibt es keine Spannung zwischen Vermehrung und Schmerzen. Die beiden Texte werden so angeordnet, dass Gen 2 Gen 1 einfach fortsetzt. Es gibt keinen »zweiten Schöpfungsbericht«, sondern der zweite erzählt den ersten aus und setzt ihn dann fort, nachdem der Mensch bereits geschaffen ist. Aus Gen 2-3 wird dann eine ganze Menge ausgelassen, aber die Substanz der Geschichte wird nicht wirklich angetastet. Sogar einige Probleme bleiben erhalten, unter anderem, woher die Frau vom Verbot weiß, vom Baum zu essen: Für Jub ist das offenbar kein Problem. Jub II-III gleicht Gen 1 und Gen 2-3 aneinander an; harmonisiert Spannungen innerhalb von Gen 2-3 und trägt einige Aspekte ein, die aus außerbiblischen Traditionen stammen.

2.1.3 Vorkritische Modelle III: JosAnt

Josephus' Paraphrase der Schöpfung ähnelt in manchem dem Jubiläenbuch. Der Text findet sich in JosAnt I, 32-51.[11] Josephus gleicht die Differenzen der beiden Texte dadurch aus, dass er die beiden rivalisierenden Bestimmungen des Menschen - Herrschaft und Dienst - auslässt und ein völlig anderes Motiv einbringt, das erst bei der Übertretung offenbar wird: Gott hat den Menschen eine Möglichkeit des vollkommenen Lebens gegeben, die nun verspielt ist. Das Problem der Sterblichkeit ist ausgelassen. Im Großen und Ganzen sind die Verfahren des Josephus ähnlich wie im Jubiläenbuch. Interessant ist aber der Übergang zwischen Gen 1 und Gen 2. Josephus unterstellt seinem Mose, dass er hier in ein anderes Genus wechselt, nämlich der Naturbeschreibung. Er versteht Gen 2,7 daher metanarrativ zum Rest des Textes.

2.1.4 Vorkritische Modelle: Zusammenfassung

Als Gesamtergebnis lässt sich festhalten, dass alle drei Texte ihre Vorlage so harmonisieren, dass ein narrativ und inhaltlich kohärenter Text entsteht. Das lässt sich vor allem an der Reihenfolge der Schöpfungswerke beobachten: Gen 1 und Gen 2-3 werden so aufeinander bezogen, dass der Mensch immer am Schluss geschaffen wird. Die sonstigen Harmonisierungen der Texte folgen den

---

[10] Vgl. dazu a.a.O., 34f.

[11] LOUIS H. FELDMAN, Judean Antiquities 1-4, in: STEVE MASON (Hg.), Flavius Josephus. Translation and Commentary Vol. 3, Leiden 2000, 17-19.

jeweiligen literarischen und theologischen Zielen der Texte – es handelt sich ja in keinem Fall um Kommentare zur Genesis, sondern um Transformationen.

Der historischen Kritik und ihrer Methode wird häufig vorgeworfen, dass ihre Kohärenzkriterien neuzeitlichem Denken und dessen Kategorien folgen. Wie meine drei Beispiele zeigen, ist das nicht der Fall. Die logische Unvereinbarkeit der beiden Schöpfungsberichte wird durchaus schon in vorkritischen Modellen gesehen und aufgelöst. Der Mensch kann nur als erstes oder als letztes Schöpfungswerk geschaffen sein, aber nicht beides. Offenbar kann er auch nur entweder zur Herrschaft (Sir/Jub) oder zum Dienst (Jos) geschaffen sein, aber nicht beides. In kleineren Details (so die Erschaffung Edens in Jub oder die Erklärung Gottes über das Gebot bei Jos) zeigt sich weiterhin, dass sachliche Kohärenz durchaus keine neuzeitliche Erfindung ist, sondern im Horizont auch antiker Schriftausleger liegt. Theologische und sachliche Stimmigkeit dienen einander.

Der Preis ist allerdings – zumindest aus der Perspektive des 21. Jhs. – eine Minimierung. Harmonisierung führt immer nur zu einem Text, nicht zu mehreren. Der Grund liegt darin, dass alle drei Autoren von der Gleichursprünglichkeit der beiden Schöpfungstexte ausgehen. Lediglich Josephus deutet an, »Mose« könnte unterschiedliche Textgattungen verwendet haben. Damit muss nicht zwangsläufig auch »Offenbarung« ausgeschlossen sein. Alle drei gehen von einem heiligen, aber wohl nicht von einem geoffenbarten Text aus. Weil diesem Text Sinnhaftigkeit und Kohärenz unterstellt wird, werden seine Inkohärenzen durch verschiedene Harmonisierungsversuche aufgelöst. Dabei können dann – wie im Falle des Sirach-Textes (aber auch bei Josephus) – auch schon große Teile der Vorlage weggelassen werden.

3. Historische Kritik und die Pluralisierung der Texte

3.1 Die historische Kritik als Paradigmenwechsel

Die von mir benannten Spannungen zwischen den beiden Schöpfungstexten blieben neben vielen anderen Interpretationsproblemen der Exegese als Aufgabe erhalten. Den einzelnen Antworten nachzugehen, ist nicht mein Thema. Entscheidend ist vielmehr dies: Von der Spätantike bis zur Aufklärung galt die Bibel als Offenbarung und damit als ein Text, widerspruchslos und irrtumsfrei. Dieses dogmatische Paradigma hat den Wert einer Texttheorie. Ihr entspricht eine präzise Methodik, mit der die biblischen Texte der Theorie entsprechend ausgelegt wurden. Treffen unvereinbare Aussagen aufeinander, werden sie so ausgelegt, dass die Unvereinbarkeit aufgelöst wird. Zwar gibt es in der Methodik wie in den Lösungen eine gewisse Variationsbreite (christologische Auslegung, mehrfacher Schriftsinn, scholastische Methoden), doch im Großen und Ganzen bestand doch ein recht breiter Konsens der Auslegung.[12]

Bekanntlich hat die Aufklärung den Erklärungswert der Theorie von der Offenbarung nachhaltig in Frage gestellt, indem sie auf die vielen Unstimmigkeiten hinwies. Von einem Paradigmenwechsel in der Schriftauslegung kann man aber erst dann sprechen, als es eine methodisch gesicherte und von einem breiten methodischen und theoretischen Konsens getragene neue Form der Schriftauslegung gibt. Erst mit der zweiten Hälfte des 19. Jhs. hat sich als neuer Konsens folgendes herausgebildet:

Die sprachlichen und sachlichen Unstimmigkeiten der biblischen Texte sind als Hinweise darauf zu verstehen, dass der biblische Text eine Zusammenfügung von Einzelschriften (»Quellen«) ist, die je für sich ihr eigenes historisches, sprachliches und theologisches Profil aufweisen. Exegese hat die Aufgabe, diese Theorie an den Einzeltexten analytisch und synthetisch zu entfalten.

Theoretisch liegt die Annahme zugrunde, dass die jeweiligen »Quellen« in sich stimmig und kohärent sind. Das heißt, der eine kohärente Text wird aufgelöst; stattdessen werden seine Bausteine in den Blick genommen.

Historische Exegese hat durchaus ein theologisches Ziel: Sie kann erstens noch immer nachweisen, dass die Schrift eine vernunftgemäße Äußerungsform darstellt; also nicht grundsätzlich dunkel oder geheimnisvoll ist (Claritas). Sie kann zweitens deutlich machen, dass die Schrift(en) in ihrer Endfassung zwar von Menschen verfasst und historisch später als die berichteten Ereignisse anzusetzen sind. Die ihnen vorausliegenden Quellen aber sind alt (und ggf. sogar authentisch). Vor allem die frühen Quellenkritiker wie de la Peyrère, Astruc und Simon haben sich intensiv mit diesen Fragen auseinandergesetzt. Die Umsetzung des Befunds in der Auslegung hat dabei zwei grundsätzliche Optionen:

- Es lässt sich nachweisen, dass die ermittelte Quelle in Übereinstimmung mit theologischer Lehre steht
- Die ermittelte Quelle steht im Gegensatz zur theologischen Lehre. Dann lässt sich diese als Fehlinterpretation kritisieren.

In beiden Fällen ist der Schriftbezug der Theologie gewahrt; sei es affirmativ, sei es kritisch.

Die historische Kritik erklärt Vielfalt durch methodisch gesicherte Vielzahl und entwickelt Verfahren zum sachgemäßen Umgang mit dieser Vielzahl. Sie reagiert auf die Herausforderungen durch die Aufklärung und kommt zu einem Modell des Umgangs mit der Schrift, das man mit Umberto Eco als »Öffnen, um zu schützen« überschreiben kann.

---

[12] Die einzelnen Entwicklungen und ihre Verzweigungen können jetzt nachgelesen werden in dem monumentalen Werk: Magne Sæbø (Hg.), Hebrew Bible/Old Testament. A History of its Interpretation, Göttingen 2000ff. (4 Bde.).

Modellhaft gelungen ist dieses Anliegen im Werk von Julius Wellhausen. Nicht nur, dass er die Methode der literarischen Analyse meisterhaft beherrschte – und im Übrigen ökonomisch zu handhaben verstand. Es gelang ihm auch, die Entwicklung der israelitischen Religion und ihrer Literatur so darzustellen, dass ein breiter wissenschaftlicher Konsens innerhalb und außerhalb der Theologie erzielt werden konnte: Israels Religion entwickelt sich von »naturhaften« Anfängen zur Höhe der Königszeit mit einer durchreflektierten Geistigkeit und nimmt dann einen degenerativen Verlauf zur nach-exilischen Gesetzesreligion. Das stand nicht nur in Übereinstimmung mit der Geschichts- und Religionswissenschaft der damaligen Zeit, sondern ließ sich auch theologisch als bibelwissenschaftlich fundierte Kritik an Institutionen nutzen. Wellhausen beließ es nicht bei einer Verfallsgeschichte, sondern hatte mit seiner Perspektive der spirituellen Erneuerung der biblischen Religion in und durch Jesus Christus gleichzeitig einen heilsgeschichtlichen Horizont.

3.2 Die Urgeschichte als Beispiel gelungener Quellenkritik

Es gibt nur wenige Bereiche der alt- (und neutestamentlichen) Exegese, wo die quellenkritische Forschung so nachhaltig und vorbildlich sämtliche Ziele erreicht hat, die sie sich selbst gesetzt hat bzw. die ihr von außen zugewachsen sind, wie in der Analyse der alttestamentlichen Urgeschichte:

> »Das dürfte vor allem damit zusammenhängen, dass die Urgeschichte gewissermaßen der Lehrtext für die neuere Urkundenhypothese war. Kein anderer Abschnitt des Pentateuch schien so offensichtlich in zwei Quellen zu zerfallen wie z.B. die Sintflutgeschichte, die alle wichtigen Details in [...] zwei Versionen aufweist. Aber auch darüber hinaus waren die Spuren für zwei parallel geführte Erzählfäden deutlicher als in folgenden Teilen des Pentateuch: die beiden Schöpfungsberichte [...], die Toledot Adams neben dem Kainitenstammbaum, die Völkertafel neben der Babelerzählung [...].«[13]

Die sachlichen Spannungen der beiden Schöpfungsberichte lassen sich ohne großen Erklärungsaufwand auf zwei Quellen aufteilen, die in sich kohärent und suffizient sind. Hinzu kommt ein weiteres Element: Der mit Gen 1 beginnende Text lässt sich nicht nur inhaltlich profilieren, sondern vor allem sprachlich und stilistisch eindeutig erkennen, es ist die sog. »Priesterschrift«, die in Gen 1–11 und darüber hinaus als fortlaufender Text erkennbar ist.

Die Priesterschrift darf als einer der größten »Erfolge« der historisch-kritischen Exegese des Alten Testaments gelten. Die Hypothese gilt – mit nur

---

[13] SCHÜLE, Prolog (s. Anm. 1), 10f.

unwesentlichen Modifikationen – seit den 1880er Jahren. Die Eigenart der Priesterschrift wird selbst in Übersetzungen transparent, so dass sie sogar Nicht-Fachleuten unmittelbar plausibel zu machen ist. Dass die Priesterschrift alle Umbrüche der Pentateuchforschung relativ unbeschadet überstanden hat, liegt daran, dass nicht nur ihre Inhalte historisch erklärbar sind, sondern dass sie vor allem als sprachliche Größe erkennbar und beschreibbar ist. Auch in der neueren und neuesten Pentateuchforschung variieren die Einschätzungen von P nur unwesentlich. Die Hypothese »P« lässt sich demzufolge mit harten und belastbaren Daten begründen. Der Text mag zwar anonym sein, lässt sich aber als intentional gestaltetes Werk erkennen. In der alttestamentlichen Exegese lässt sich keine weitere textliche Größe finden, die so eindeutig und unumstritten bestimmt werden kann wie P – außer vielleicht noch DtJes. Das hängt damit zusammen, dass die alttestamentlichen Texte nur wenig charakteristische Stilmerkmale zeigen und untereinander stark vernetzt sind. Im Neuen Testament hingegen hat man es in allen Texten mit eindeutig abgegrenzten Werken mit wesentlich klarerem Profil zu tun, weswegen für das Neue Testament auch keine so starke Differenz der Forschungsergebnisse zu verzeichnen ist wie im Alten Testament.

4. Schwächen der klassischen Kritik und gegenwärtige Entwicklungen

4.1 Historische Exegese und hermeneutischer Zirkel

Es gab immer einen methodisch unklaren Zusammenhang zwischen der theologischen Provenienz des Auslegers und den Ergebnissen seiner Analyse. So »objektiv« ihre Ziele sein mögen, so subjektiv gefärbt sind die Ergebnisse der historischen Kritik auch immer gewesen. Als Beispiel möge die Kontroverse um die Erkenntnis des Guten und Bösen in Gen 2–3 dienen. Sie wurde zwischen Julius Wellhausen, Karl Budde und Hermann Gunkel geführt.[14] Die theologische Frage an Gen 2–3 lautet ja nicht, wann und warum der Text entstanden ist, sondern ob er die Erbsünde begründen kann oder nicht. Seit der Aufklärung war die Lesart als »Sündenfallgeschichte« nachhaltig in Frage gestellt worden.

Bis heute ist in der alttestamentlichen Exegese kein Konsens darüber zu gewinnen, ob die Paradiesgeschichte primär einen anthropologischen Gewinn (nämlich an Erkenntnis), einen Verlust (nämlich an Unschuld) oder eine ambivalente Mischung aus beidem erzählt. So hat die historische Kritik seit 130 Jahren tatsächlich nicht nur zu einer Pluralisierung der Texte, sondern auch

---

[14] Vgl. JULIUS WELLHAUSEN, Prolegomena zur Geschichte Israels, Berlin 2001, 301; HERMANN GUNKEL, Genesis, Göttingen 1910, 19f.; KARL BUDDE, Die biblische Urgeschichte untersucht, Gießen 1883, 69f.

der Deutungen geführt.[15] Implizit oder explizit schleicht sich doch immer wieder der Versuch ein, mit Hilfe des biblischen Textes theologisch normative Aussagen zu machen. Wenn der Exeget mit den Worten Bernhard Duhms eine »Schutzmauer für die alten Schriftsteller gegen die Razzien der Dogmatiker aller Farben« errichtet oder – etwas weniger wuchtig – ein Anwalt des Textes sein will, muss er seine theologische Position mit reflektieren. Das hat im Übrigen bereits Spinoza eingefordert, in der zeitgenössischen Exegese geschieht das aber nur selten. Das ist aber keine Schwäche der Methode historischer Kritik. Meines Erachtens liegt das Problem darin, dass die Exegese es versäumt hat, sich über ihre texttheoretischen Grundlagen Rechenschaft abzulegen: Wenn die Quellen nicht Offenbarung sind, sondern historisch bedingte Äußerungen – nach welchen Maßstäben sind sie dann zu interpretieren?

4.2 Historische Kritik und Methodik der Textanalyse

Seit 1984 ist das klassische Pentateuchmodell sukzessive erodiert. Den Beginn markieren Erhard Blums Studien zur »Komposition der Vätergeschichte«, in denen er zeigte, dass der Priesterschrift keine literarisch zusammenhängenden Quellen vorausgehen, sondern unterschiedlich umfangreiche kleinere Überlieferungskomplexe. Diese Ansicht hat sich durchgesetzt, mit der Konsequenz, dass der Pentateuch in viele Einzeltexte differenziert wird, über die kein Konsens zu gewinnen ist und dessen »Endgestalt« ebenfalls keine klare Kontur bekommt. Blum (und einige andere) haben dabei die älteren Systemzwänge der Urkundenhypothese methodisch kritisch evaluiert und sind zu einem revidierten Modell gekommen. Methodisch geht es aber immer noch davon aus, dass Inkohärenzen prinzipiell auf Textwachstum hinweisen.

Gleichwohl gelingen literarkritische Analyse und die sich daraus ergebenden Konsequenzen nur dort, wo auch wirklich plausibel und eindeutig erklärbares Datenmaterial vorliegt. Gelungen – und bis heute gültig! – sind die Analysen dort, wo nicht nur bestimmte Inhalte vermittelt werden, sondern Sprache und Stil als Analysefaktoren mit berücksichtigt werden können: bei der Priesterschrift, bei Deuterojesaja, im Neuen Testament. Fallen aber sprachliche und stilistische Kriterien zur Beschreibung von Texten und Teiltexten aus, ist man wieder dort angekommen, wo ich am Anfang angesetzt habe, nämlich bei der Wahrnehmung sachlicher Unterschiede. Es fehlt seit dem Wegfall der von der Offenbarung her bestimmten Methodik an einer Kriteriologie für die Feststellung und Bewertung von Indizien für ein Textwachstum. Die Ausgangshypothese historisch arbeitender Exegese ist – auch ohne Offenbarung – immer noch ein Text, der widerspruchslos und

---

[15] Ausführlich dargestellt bei Jörg Lauster, Prinzip und Methode. Die Transformation des protestantischen Schriftprinzips durch die historische Kritik von Schleiermacher bis zur Gegenwart (HUT 48), Tübingen 2004.

irrtumsfrei ist, in neuzeitlicher Terminologie: kohärent. Dies ist nie theoretisch abgesichert worden, denn dann käme sofort zu Tage, dass die Hypothese empirisch falsch ist. Jeder Text, der von Menschen verfasst ist, enthält Fehler, Irrtümer, Inkohärenzen, Widersprüche, Unklarheiten, Stilbrüche u.v.m. Aus der falschen Grundhypothese des vollständig kohärenten Ausgangstextes entspringt eine Methodik, die über die Maßen argwöhnisch ist.

Zu Beginn habe ich Ihnen drei antike Paraphrasen von Gen 1–3 gezeigt. Der logische Widerspruch zwischen den beiden Texten ist von allen drei Auslegern gesehen und auf je eigene Weise aufgelöst worden. Darüber hinaus zeigt sich gerade an Jub und Jos, dass Texte an unterschiedlichen Stellen auf den Widerspruch ihrer Ausleger stoßen. Dies ist jedoch heute nicht viel anders. Erhard Blum hat die verschiedenen Ansätze der diachronen Analyse von Gen 2–3 vergleichend dargestellt und ist zu einer verblüffenden Vielfalt gekommen.[16]

Der Befund scheint mir mit dem eben schon gemachten Befund zusammenzuhängen. Die Exegese hat es versäumt, sich mit den Kriterien für einen Text auseinanderzusetzen. Stattdessen befindet sie sich in der Schleife, Texte diachron auszudifferenzieren, weil sie sie für diachron gewachsene Texte hält. Das Ergebnis ist seit den 1980er Jahren wieder eine verstärkte Zerlegung der biblischen Texte in Teiltexte, Schichten und Stufen, die in keinem methodischen Konsens aufgefangen werden und die auch in keinem befriedigenden Endtext enden. Unter den alttestamentlichen Exegeten hat vor allem Erhard Blum das Problem bemerkt:

> »Es ist aber vor allem der [...] Hybridcharakter [...], der das primäre überlieferungsgeschichtliche Problem des Pentateuch bildet. Die Frage nach den Gründen für eine solche Textbildung ist unabweisbar – dies umso mehr, als sie in dieser Form einigermaßen analogielos sein dürfte. Hätte es nicht in jeder Hinsicht näher liegen müssen, die jeweiligen Anliegen und Konzeptionen mehr oder weniger konsistent in selbständigen Werken auszuformulieren? Oder alternativ: Wäre im Falle einer Zusammenarbeitung nicht eine tendenziell vereinheitlichende Gestaltung zu erwarten anstelle pointiert diskontinuierlicher Fügungen? Der gern unterstellte Status quasi kanonischer Unveränderbarkeit der Überlieferungen trägt hier nicht wirklich: Noch in der Spätphase der biblischen Kanonbildung fehlt es keineswegs an Beispielen [...] für transformierende, vereinheitlichende Umarbeitungen (vgl. das Jubiläenbuch, die Tempelrolle, z.T. auch die sog. ›Pentateuchparaphrasen‹ in

---

[16] ERHARD BLUM, Von Gottesunmittelbarkeit zu Gottähnlichkeit. Überlegungen zur theologischen Anthropologie der Paradieserzählung, in: DERS./WOLFGANG OSWALD (Hrsg.), Textgestalt und Komposition. Exegetische Beiträge zu Tora und Vordere Propheten (FAT 69), Tübingen 2010, 1–21, hier 20.

Qumran-Hss.). So bleibt als Konsequenz: Die Hybridkomposition des Pentateuch ist aus endogenen Prozessen allein nicht hinreichend zu erklären.«[17]

5. Abschluss

Blum löst das Problem des »unmöglichen« Textes namens Pentateuch mit einem externen Sachverhalt: Es sei die persische Politik gewesen, die die konkurrierenden frühjüdischen Gruppen zu einem textlichen Kompromiss über ihr identitätsstiftendes Dokument gezwungen hätte. Um übergreifende Erklärungskraft zu erhalten, müsste zumindest für die Prophetie eine ähnliche historische Stunde gefunden werden. Meines Wissens steht dies noch aus. Auch hier liegt eins der Probleme darin, dass über das Wesen des Textes bislang noch keine Einigung erzielt werden konnte. Es kommt aber ein weiteres Problem hinzu:

Die historisch-kritische Exegese versteht sich in erster Linie als textzentrierte Geschichtswissenschaft. Die große Kraft des Wellhausen-Modells lag ja darin, nicht die Texte als Texte erklärt zu haben, sondern ihr *historisches Profil*, das in eine geschichtswissenschaftliche Synthese überführt werden konnte. Diese Synthese war weder historisch noch textlich zu halten, trotzdem bleibt Exegese großenteils eine Geschichtswissenschaft: Sie verteidigt tapfer den Ursprungssinn der historischen Texte als ihren eigentlichen Sinn, dessen Wandel nachzuzeichnen ist. In dieser Entfernung der Texte von ihrer Anwendung liegt durchaus eine Chance, auch eine Aufgabe. Gleichwohl hat sie ein Problem:

> »Die historische Kritik fungiert als eine Erinnerungsform, die anscheinend erst dann zum Tragen kommt, wo die Vergangenheit nicht mehr ›bewohnt‹, d.h. nicht mehr vom kollektiven Gedächtnis lebender Gruppen in Anspruch genommen wird.«[18]

So formuliert Jörg Lauster im Anschluss an Jan Assmann. Und tatsächlich gibt es auch kein Zurück hinter diese Option. Die historische Kritik macht die Räume der biblischen Überlieferung als immerhin einmal bewohnte transparent.

Das ist ein legitimes Ziel und auch ein Teilbereich wissenschaftlicher Exegese. Es ist aber zu fragen, ob Exegese ihrer Eigenart nach nicht eher unter die Textwissenschaften zu zählen ist. Eine wie immer geartete Verbindlichkeit – ich möchte lieber von Konsens sprechen – über den Sinn und die Bedeutung der (historisch entstandenen) biblischen Texte für gegenwärtige

---

[17] ERHARD BLUM, Esra, die Mosetora und die persische Politik, in: a.a.O. (s. Anm. 16), 177–206, hier 195.

[18] LAUSTER, Prinzip (s. Anm. 15), 462.

Praxis lässt sich aber historisch allein nicht gewinnen. Im Gegenteil: Es gehört zu den Charakteristika christlicher Theologie, sich durch die Historie immer wieder korrigieren zu lassen:

»Die Notwendigkeit des geschichtlichen Wandels des christlichen Glaubens bringt es [...] mit sich, dass eine orthodoxe Position von heute ohne weiteres zur Häresie von morgen werden kann, ja werden muss, wenn sie als geschichtsinvariante Wahrheit behauptet wird. Eine *theologia perennis*[...] gibt es nicht.«[19]

Unter dieser Bedingung werden aber die historisch im Alten Israel beheimateten Texte des Alten Testaments theologisch irrelevant, ja »häretisch«. Wie soll daher eine Verbindlichkeit, zumindest ein überzeitlicher Sinngehalt behauptet werden? Nach dem Wegfall der Offenbarung bedarf es in der Exegese meines Erachtens einer Verständigung über Texte:

»Auf eine Texttheorie, eine Theorie der Interpretation und der Formulierung von Texten, ist zum Beispiel angewiesen, wer mißlungene [sic] von gelungenen Texten unterscheiden können will; wer verstanden haben will, was etwa einen Bericht von einer Beschreibung oder ein Protokoll von einer Schilderung und eine Geschichte von einer Darstellung unterscheidet. Er sollte begriffen haben, was Texte von beliebigen Abfolgen von Sätzen unterscheidet und was der Umgang mit Texten mit unseren Erfahrungen und Erwartungen zu tun hat. Das alles, weil ein überlegter, ein durchdachter Umgang mit Texten ohne dieses Wissen über Texte nicht zu haben ist. Das gilt nicht zuletzt für jene Professionen, bei denen die Beschreibung, die Beurteilung, die Bewertung der Praxis (und der Kritik) des Lesens und Schreibens der Texte von besonderer Bedeutung ist.
Was weiß man über Texte, über ihre Lektüre, ihre Interpretation und ihre Formulierung? Zum Beispiel dies: Texte sind keine beliebigen, sondern irgendwie stimmige Folgen von Sätzen; die Abfolge der Sätze entspricht einer diskursiven Logik, Texte besitzen eine Kohäsion. Texte haben in einem gewissen Sinne und auf eine bestimmte Art und Weise Bezug zu unserem Wissen über die Welt, über die anderen und uns selbst; da besteht eine gewisse Kohärenz. Texte lassen sich unter bestimmten Aspekten der Beschreibung ordnen; es gibt so etwas wie Textsorten. Und das Lesen und Schreiben der Texte, ihre Interpretation und ihre Formulierung sind hoch komplexe Prozesse; Prozesse, zu deren Verständnis die Zeichenforschung, die Bewußtseinsforschung [sic], die Hirnforschung auf unterschiedliche Weise beitragen. Wie lese ich einen Text von (sagen wir) Kleist in sozial normierten Interpretationssituationen? Was passiert in meinem Kopf, während ich (zum Beispiel) die erste Seite der Tageszeitung überfliege? Was spielt sich in mei-

---

[19] KONRAD SCHMID, Zeit und Geschichte als Determinanten biblischer Theologie. Überlegungen zum Wandel des Geschichtsverständnisses im Alten Testament, in: DERS., Schriftgelehrte Traditionsliteratur. Fallstudien zur innerbiblischen Schriftauslegung im Alten Testament (FAT 77), Tübingen 2011, 299–322, hier 299.

> nem Gehirn ab, wenn ich dabei bei einer Bildunterschrift hängen bleibe? Wie geht das, einen Text zu schreiben? Wie greifen da Planung, Ausführung, Überarbeitung, Endredaktion, Edition usw. ineinander? Wann besitzt der Text für mich und (was lange nicht dasselbe ist) für andere eine Endfassung? Und erst der weitere Umgang mit dem Text: Was kann als eine verständige Lektüre, was als eine (wie auch immer) angemessene Interpretation gelten? Und was sind brauchbare Kriterien für eine gelingende Lektüre und für eine überzeugende Interpretation? Und erst recht: was sind die Standards ihrer Beschreibung, Beurteilung und Bewertung?«[20]

Eine Klärung dieser Fragen in der alttestamentlichen Exegese dürfte hilfreich sein. Sie könnte einen methodischen Konsens herbeiführen, der der Darstellung überzeitlicher Sinngehalte nur dienlich sein kann.

---

[20] BERND SWITALLA, Texttheorie, URL: http://www.uni-bielefeld.de/lili/personen/switalla/texttheorie.html (Stand: 12.07.2014).

»Bist du der Messias, der Sohn des Hochgelobten?« (Mk 14,61)

Zur Bedeutung des Psalters als Matrix der neutestamentlichen Passionserzählungen

Michael Theobald

Verstand Jesus sich als »Messias«? Bekannte Petrus ihn als solchen bei Cäsarea Philippi und, wenn ja, wie nahm Jesus sein Bekenntnis auf? Wie steht es mit der Frage des Hohenpriesters an ihn im Sanhedrin-Prozess: »Bist du der Messias, der Sohn des Hochgelobten?« Wie sind die Titel zu verstehen? Wurde die Frage im Verhör überhaupt gestellt und, wenn ja, welche Antwort gab Jesus? Versah er seine Antwort auch mit den Ergänzungen, die bei Markus zu lesen sind: »Ich bin es, und ihr werdet den Menschensohn zur Rechten der Macht sitzen und mit den Wolken des Himmels kommen sehen« (Mk 14,62)? Fragen über Fragen, welche die Forschung seit langem umtreiben.

Martin Hengel und manch andere vertreten die Ansicht, dass sowohl die Szene von Cäsarea-Philippi als auch die vom Verhör Jesu durch den Hohenpriester die historischen Abläufe korrekt wiedergeben.[1] Wer diese Ansicht *nicht* teilt, stattdessen für eine *nachösterliche* Herkunft des Christus-Prädikats plädiert, kann sich der genannten Fragen aber nicht einfach im Handstreich entledigen, sondern muss erklären, wie das Prädikat an den fraglichen Stellen (und weiteren, deren Zahl allerdings verschwindend gering ist[2]) in die jesuanische Überlieferung gelangte – eine Forderung, der indes nur selten entspro-

---

[1] Martin Hengel, Jesus der Messias Israels, in: Ders./Anna Maria Schwemer, Der messianische Anspruch Jesu und die Anfänge der Christologie (WUNT 138), Tübingen 2001, 1–80; vgl. Ders., Jesus, der Messias Israels. Zum Streit über das »messianische Sendungsbewusstsein« Jesu (1992), in: Ders., Studien zur Christologie. Kleine Schriften IV (WUNT 201), Tübingen 2006, 259–280; Peter Stuhlmacher, Biblische Theologie des Neuen Testaments, Band I: Grundlegung. Von Jesus zu Paulus, Göttingen ²1997, 107–125 (zu Mk 8,27–33); vgl. aber auch Robert Rowe, God's Kingdom and God's Son. The Background to Mark's Christology from Concepts of Kingships in the Psalms, Köln u.a. 2002.

[2] Bei Mk begegnet Χριστός sieben Mal, kombiniert mit υἱός im Incipit 1,1 (+'Ἰησοῦς) sowie 14,61 mit ὁ βασιλεύς 15,32; in 12,35–37 wird die These der *Schriftgelehrten* diskutiert, der zufolge der Messias auch »Sohn Davids« sei (V.35); außerdem 9,41; 13,21. – In der Logienquelle fehlt der Titel ganz; vgl. Harry T. Fleddermann, Q. A Reconstruction and Commentary, Leuven 2005, 917–935 (Concordance); Mt bietet 16, Lk zwölf Belege, wobei das Sondergut der beiden kein historisch möglicherweise interessantes Material über Mk hinaus beisteuert.

chen wird.[3] Hans Conzelmann etwa - um einen prominenten klassischen Autor zu nennen - erweist in seinem RGG-Artikel von 1959 im Anschluss an Rudolf Bultmann die genannten Passagen als redaktionell, um dann zu erklären: »Zusammenfassend ergibt sich also, dass Jesu Selbstbewusstsein nicht in der christologischen Titulatur greifbar ist. Diese wird ihm vom Glauben der Gemeinde beigelegt.«[4] Warum und wodurch veranlasst, sagt er nicht. Anders Nils Alstrup Dahl, der in seinem Beitrag von 1960 mit dem Titel ›Der gekreuzigte Messias‹ die Frage nach dem historischen Haftpunkt für die nachösterliche Verwendung des Messiasbekenntnisses mit dem Hinweis auf den *titulus crucis* zu beantworten sucht, dessen Historizität er gegen Rudolf Bultmann verteidigt: »Dass der Messiastitel unlösbar mit dem Namen Jesus verbunden wurde, lässt sich nur unter der Voraussetzung erklären, dass Jesus wirklich als Messias gekreuzigt worden ist.«[5] Ferdinand Hahn pflichtet Dahl in seinem

---

[3] Das wäre aber notwendig angesichts der Strategie vor allem von MARTIN HENGEL (s. Anm. 1), den jesuanischen Messias-Anspruch *via negationis* plausibilisieren zu wollen, indem er die *Selbstverständlichkeit*, mit der die Forschung weithin annimmt, der Titel habe von Anfang an und in aller Breite wie aus heiterem Himmel den nachösterlichen Glauben erobert, dekonstruiert (s. Anm. 1). Vgl. etwa RUDOLF BULTMANN, Theologie des Neuen Testaments, Tübingen [6]1968, 51, zur nachösterlichen Christologie: »Selbstverständlich ist, dass Jesus den alten Titel des ›M e s s i a s‹, d.h. gesalbten Königs, erhielt, wie nicht nur die synoptische Tradition bezeugt, sondern wie es auch Paulus deutlich voraussetzt. Nur aus diesem Grunde konnte dann ja im hellenistischen Christentum der Doppelname Ἰησοῦς Χριστός erwachsen«. Inwiefern dies *selbstverständlich* ist, führt er nicht aus.

[4] HANS CONZELMANN, Jesus Christus, in: RGG[3] 3 (1959), 619-653, 633; zum »Bericht vom Verhör« Jesu im Prozess führt er aus: »[...] die Analyse zeigt, daß die Gemeinde keinen Augenzeugenbericht darüber besaß. Sie gestaltete den Hergang, wie sie sich ihn eben vorstellte. Natürlich nahm man in der Rückschau an, daß die Messianität Jesu der Hauptpunkt der Verhandlung gewesen sei; so bildet sie die Mitte des ganzen Verhörs« (646); ähnlich bereits u.a. HERBERT BRAUN, Der Sinn der neutestamentlichen Christologie (1957), in: Gesammelte Studien zum NT und seiner Umwelt, 246ff.; 249ff.

[5] NILS ALSTRUP DAHL, Der gekreuzigte Messias, in: HELMUT RISTOW/KARL MATTHIAE (Hrsg.), Der historische Jesus und der kerygmatische Christus, Berlin 1960, 149-169, 159f. = DERS., The Crucified Messiah and other essays, Minneapolis 1974, 10-36, 24; a.a.O., 14: »Many questions arise, of which I select one: the question of the meaning and legitimacy of saying that Jesus has been crucified as the Messiah [...]«; RUDOLF BULTMANN, Die Geschichte der synoptischen Tradition, Göttingen [8]1970, 293, zu Mk 15,1-27: »Der Bericht ist keine einheitliche Komposition. In V.1-5 konkurriert, wie längst beobachtet, V.2 mit V.3-5, und zwar ist V.2 sekundäre Erweiterung; dann ist aber auch der mit V.2 zusammenhängende V.26 (Kreuzesinschrift) als sekundär erwiesen. Der Zweck dieser Zusätze ist klar: wie in dem sekundären Bericht 14,55-64 soll die Darstellung unter den Gesichtspunkt gestellt werden, daß Jesus wegen seines Messiasanspruchs hingerichtet worden ist«; a.a.O., 307 spricht er vom leitenden »dogmatischen Motiv«: »Der Glaube der christlichen Gemeinde hat, wie er einzelne Geschichten produzierte, so die ganze Passion unter den Gesichtspunkt gestellt, daß Jesus als Messias gelitten hat und gestorben ist«.

1962 erschienen Werk »Die christologischen Hoheitstitel« bei[6] und bekräftigt auch seine These, dass die Verwendung von ὁ Χριστός in der christlichen Tradition an die im Frühjudentum einzig mit dem Messias-Titel verbundene davidisch-königliche Konzeption anknüpft: »Dass Messias in vorchristlicher Zeit zum ›allgemeinsten‹ Hoheitstitel für den endzeitlichen Erlöser geworden sei, ist eine oft wiederholte, aber keineswegs zutreffende These.«[7] Dieser Einschätzung bleibt er – mit guten Gründen, wie ich meine – bis in seine »Theologie des Neuen Testaments« von 2002 treu, wo es heißt: »So wenig eindeutig die Messiasbezeichnung in vorchristlicher Zeit verwendet wurde, sie hat unverkennbar dort eine Rolle gespielt, wo es um die Erwartung einer königlichen Gestalt ging.«[8] Zum *titulus crucis* meinte Hahn 1962, er zeige, dass Jesus »als Messiasprätendent zu Tode verurteilt« wurde, wobei aus der Perspektive der Römer »der Messiasanspruch in dem Streben nach politischer Selbständigkeit und königlicher Herrschaft über das jüdische Volk bestand.«[9] Man könnte also sagen: Der *titulus crucis* spiegelt diese jüdische Tradition im paganen Kleid wider.

In einem wichtigen Punkt unterscheidet sich Ferdinand Hahn indes von seinem norwegischen Kollegen. Während Nils Altrup Dahl davon ausgeht, dass durch den Glauben an die Auferweckung des gekreuzigten Messias »die Eigenart des christlichen Messiasbegriffes gegenüber dem jüdischen *von Anfang an* gegeben«[10] sei, meint Hahn zeigen zu können, dass »Vorstellung und

---

[6] FERDINAND HAHN, Christologische Hoheitstitel. Ihre Geschichte im frühen Christentum (FRLANT 83), Göttingen [2]1964, 212 Anm. 3; a.a.O., 178: »Es besteht nicht der geringste Anlass, die Historizität der Kreuzesinschrift zu bezweifeln«. Vgl. auch unten Anm. 31.

[7] A.a.O., 157. Nach der königlich-davidischen Vorstellung übernimmt der Messias als Nachfahre Davids »ein politisches Königtum und verwirklicht seine Aufgabe im irdischen Bereich«.

[8] FERDINAND HAHN, Theologie des Neuen Testaments, Bd. II: Die Einheit des Neuen Testaments. Thematische Darstellung, Tübingen 2002, 208; er fügt in Klammer hinzu: »so z.B. in PsSal 17+18, ferner in Qumran, wo der königliche Messias neben einem hohenpriesterlichen Messias steht«; ebd.: »Vielfach wird diese Prädikation für jede Art einer Rettergestalt verwendet, was aber dem traditionsgeschichtlichen Befund nicht gerecht wird«. – Anders STUHLMACHER, Theologie I (s. Anm. 1), 112: »Nach den messianischen Weissagungen des Alten Testaments ist der Messias *vor allem* der von Gott gesandte königliche Davidide« (Kursive von mir). Stuhlmacher nennt dies freilich die »beherrschende [...] Form von Messiaserwartung«. Zur Vielfalt der Vorstellungen vgl. JOHN J. COLLINS, The Scepter and the Star. The Messiahs of the Dead Sea scrolls and other ancient literature, New York 1995; außerdem BThZ 31 (2014), Heft 1: Der Messias. Jüdische und christliche Figuren messianischer Vorstellungen.

[9] HAHN, Hoheitstitel (s. Anm. 6), 178; er fährt fort: »Es ist ebenso charakteristisch, dass dabei der Titel ›Messias‹ vermieden wurde, wie die Tatsache, dass nicht vom ›König Israels‹, sondern vom ›König der Juden‹ die Rede ist; denn Ἰσραήλ ist der Name, mit dem das Volk sich selbst bezeichnete, während Ἰουδαῖοι vornehmlich die Bezeichnung ist, mit der die nichjüdische Welt es nannte, so dass bei letzterem Begriff jede religiöse Komponente fehlt«.

[10] DAHL, Messias (s. Anm. 5), 160 (Kursive von mir).

Titel des Messias [...] in allerältester Zeit auf Jesus nicht angewandt«[11] wurden. »Sowohl die Haltung Jesu wie die Tatsache der fälschlichen Anklage werden dazu geführt haben, dass die Gemeinde die Messiaserwartung zunächst mied.«[12] Vorrangig sei in der frühesten Gemeinde das Bekenntnis zum *wiederkommenden* Herrn. »Die älteste Gemeinde lebt nicht in einer erfüllten Zeit«, erklärt Hahn, »sondern harrt auf das endzeitliche Kommen ihres Herrn.«[13] Weil »die Aussagen über ein königliches Herrscheramt (des Messias) [...] hinsichtlich Erhöhung und irdischer Funktion Jesu erst noch erheblicher Umformung bedurften«, müssten sie im Blick auf die früheste christologische Entwicklung als sekundär eingestuft werden.[14] Ob unsere Quellen tatsächlich eine solche These zur Entwicklung des christologischen Bekenntnisses in der Frühzeit der Gemeinden erlauben, scheint eher zweifelhaft zu sein.[15] Immerhin steht fest, dass der Χριστός-Titel schon in der alten »Sterbensformel« fest verankert ist[16] und auch der katechetischen Formel 1Kor 15,3-7* als Integral ihrer Teilaussagen dient. Seine durchgängige Präsenz und rasche Verbreitung in der Rede von Jesus als »dem Messias« bzw. »Jesus Christus« in den unterschiedlichsten neutestamentlichen Traditionssträngen bleiben jedenfalls beachtlich.

Im Folgenden soll es um die Relevanz der alten Passionserzählung für die Frage nach der Rezeption des Χριστός-Titels gehen, konkret um die überragende Bedeutung des Psalters, gerade auch von Ps 2, für ihre Genese. Nun ist das beileibe kein neues Thema. Dass Ps 22, aber auch andere Psalmen vom

---

[11] Hahn, Hoheitstitel (s. Anm. 6), 179. »Dies widerspricht [...] der weitverbreiteten Ansicht, dass das Messiasbekenntnis der Urgemeinde sich auf den Auferstandenen bezogen habe und auf Grund des Ostergeschehens in Gebrauch gekommen ist«.

[12] A.a.O., 180; nicht den »Messias«-Titel mied die Gemeinde, sondern eher den des βασιλεύς; wenn sie ihn doch benutzte, dann dialektisch: vgl. nur Joh 18,33-38a; dazu Michael Theobald, Gattungswandel in der johanneischen Passionserzählung: Die Verhöre Jesu durch Pilatus (Johannes 18,33-38; 19,8-12) im Licht der *Acta Isidori* und anderer Prozessdialoge, in: Joseph Verheyden u.a. (Hrsg.), Studies in the Gospel of John and its Christology (FS Gilbert van Belle) (BEThL 265), Leuven u.a. 2014, 447-483, 480f.

[13] Hahn, Hoheitstitel (s. Anm. 6), 112.

[14] A.a.O., 180.

[15] Kritisch dazu Hengel, Jesus [2001] (s. Anm. 1), 11; vgl. auch Wilhelm Thüsing, Erhöhungsvorstellung und Parusieerwartung in der ältesten nachösterlichen Christologie (SBS 42), Stuttgart 1969.

[16] Vgl. Röm 5,6.8; 14,9.15; 1Kor 8,11; 15,3; 2Kor 5,15; 1Thess 5,10; Gal 2,21; 1Petr 3,18; die Auferweckungsformel nennt Jesus: Röm 4,24f.; 8,11; 10,9; Gal 1,1; 1Thess 1,10; Apg 3,15; 4,10; 5,30; 10,4; 13,30; Kol 2,12; Eph 1,20; 1Petr 1,21. – Hahn, Theologie II (s. Anm. 8), 208: »dass die Vorstellung vom königlichen Messias auch an Jesus herangetragen wurde und dass er als ›König der Juden‹ gekreuzigt worden ist (Mk 15,26 parr) [...], wurde in die urchristliche Tradition übernommen«; diese Vorstellung »diente jetzt dazu, aufgrund der Verurteilung als messianischer König im besonderen die Bedeutung seines Todes hervorzuheben, wie alte Bekenntnistraditionen erkennen lassen (vgl. 1Kor 15,3b-5; Lk 24,26)«; vgl. auch Klaus Wengst, Christologische Formeln und Lieder des Urchristentums (StNT 7), Gütersloh 1972, 78-86.

leidenden Gerechten (wie Ps 31 und 69) den Stoff liefern, aus dem die alte Passionserzählung gewoben ist, ist eine Einsicht, die sich spätestens seit Martin Dibelius Bahn gebrochen hat.[17] Kaum bedacht ist aber die Frage nach einem möglichen Einfluss der sog. »Königspsalmen«, insbesondere von Ps 2, auf ihre Genese, wofür es freilich auch Gründe gibt: Die Passionserzählung bietet zwar reichlich Anspielungen auf die Psalmen vom leidenden Gerechten, entlehnt ihnen auch Motive und zitiert sie sogar mitunter, aber von Ps 2 und den sog. »Königspsalmen« ist derartiges nicht zu vermelden – es sei denn, man macht in der titularen Trias *Gesalbter – Sohn – König*, die für die Architektur der Passionserzählung grundlegend ist, ihren Einfluss fest.[18] Dafür spricht schon, dass nicht einfach atomisierend nur nach einzelnen Psalmen – hier den sog. Passionspsalmen – und ihrem frühchristlichen Bezug auf Jesus gefragt werden darf, sondern vielmehr damit zu rechnen ist, dass der Psalter *insgesamt* als messianisches Zeugnis von den Christen wahrgenommen und für ihre frühesten literarischen Erzeugnisse fruchtbar gemacht wurde.[19] Den

---

[17] MARTIN DIBELIUS, Die Formgeschichte des Evangeliums (Nachdruck der dritten Auflage mit einem erweiterten Nachtrag von Gerhard Iber, hrsg. von GÜNTHER BORNKAMM), Tübingen [6]1971, 187–189; DERS., Die alttestamentlichen Motive in der Leidensgeschichte des Petrus- und des Johannes-Evangeliums (1918), in: DERS., Botschaft und Geschichte. Gesammelte Aufsätze I: Zur Evangelienforschung (hrsg. von GÜNTHER BORNKAMM), Tübingen 1953, 221–247; aus jüngerer Zeit vgl. etwa HARTMUT GESE, Psalm 22 und das Neue Testament, in: ZThK 65 (1968), 1–22; DONALD JUEL, Messianic Exegesis: Christological Interpretation of the Old Testament in Early Christianity, Philadelphia 1988; KARL LÖNING, Die Memoria des Todes Jesu als Zugang zur Schrift im Urchristentum, in: KLEMENS RICHTER/BENEDIKT KRANEMANN (Hrsg.), Christologie der Liturgie. Der Gottesdienst der Kirche – Christusbekenntnis und Sinaibund (QD 159), Freiburg u.a. 1995, 138–149; ROWE, Kingdom (s. Anm. 1); BERND JANOWSKI, Die jüdischen Psalmen in der christlichen Passionsgeschichte. Eine rezeptionsgeschichtliche Skizze, in: CHRISTOF HARDMEIER/RAINER KESSLER (Hrsg.), Freiheit und Recht (FS Frank Crüsemann), Gütersloh 2003, 397–413; DIETER SÄNGER (Hg.), Psalm 22 und die Passionsgeschichten der Evangelien (BThSt 88), Neukirchen-Vluyn 2007; STEPHEN P. AHEARNE-KROLL, The Psalms of Lament in Mark's Passion. Jesus' Davidic Suffering (SNTS.MS 142), Cambridge 2007; MARK G. VITALIS HOFFMAN, Psalm 22 and the Crucifixion of Jesus (LNTS 388), London/New York 2009; KELLI S. O'BRIEN, The Use of Scripture in the Markan Passion Narrative (LNTS 384), London 2010.

[18] Nur O'BRIEN, Use (s. Anm. 17), 166, verweist, soweit ich sehe, im Rahmen einer umfassenden Nennung aller möglichen biblischen Bezugnahmen der mkn. Passionserzählung bei Mk 14,61 auch auf Ps 2,7. Fehlanzeige z.B. auch bei ALFRED SUHL, Die Funktion der alttestamentlichen Zitate und Anspielungen im Markusevangelium, Gütersloh 1965.

[19] Dazu vgl. vor allem NOTKER FÜGLISTER, Die Verwendung und das Verständnis der Psalmen und des Psalters um die Zeitenwende, in: JOSEF SCHREINER (Hg.), Beiträge zur Psalmenforschung (FzB 60), Würzburg 1988, 319–384; 371–377, der im Anschluss an die Einsicht Claus Westermanns in die »strukturelle Bedeutung der Königspsalmen« für den ganzen Psalter von seiner »Messianisierung« spricht; vgl. CLAUS WESTERMANN, Zur Sammlung des Psalters (1962), in: DERS., Forschung am Alten Testament (ThB 24), München 1964, 226–343, 342: »Die Königspsalmen, bei denen eine eigene Sammlung nahe läge, begegnen durch den ganzen Psalter hindurch nur als Anfügungen. Ps 2 und 89

Blick für diesen eigentlich nahe liegenden Tatbestand geschärft zu haben, ist das Verdienst der jüngeren Psalter-Exegese, die uns lehrt, den einzelnen Psalm von seinem Makrokontext her zu lesen,[20] wie das auch schon für die früheste christologische Psalterlektüre anzunehmen ist. Dies bedeutet für die Passionserzählung, dass sie Jesus nicht einfach als leidenden Gerechten, sondern zugleich als leidenden davidischen Messias porträtiert.[21] In diesem Rahmen stellen wir die folgende *These* zur Diskussion:

Die älteste Passionserzählung knüpft an den als historisch anzusehenden *titulus crucis* an und macht ihn zu ihrem Angelpunkt. Sie »entpolitisiert« ihn, indem sie ihn einer *interpretatio christiana* unterzieht, das heißt: sie deutet ihn unter dem österlichen Vorzeichen im Licht des Psalters (insbesondere des ihn eröffnenden Psalm 2) und entfaltet ihn rückläufig in die Trias *König* – *Gesalbter* – *Sohn*, welche die Passionserzählung durchgehend prägt: angefangen von

----

rahmen die beiden großen Sammlungen 3–41 und 42–83 (89). Angefügt oder eingefügt sind Ps 20 und 21; 72; 102; 110. Hier zeigt sich ein für das Verständnis der Königspsalmen wichtiger Tatbestand: die Königspsalmen sind in einem bestimmten Stadium des Sammlungsprozesses einzeln aufgenommen und einzelnen Sammlungen an- und eingefügt worden; offenbar nicht mehr in ihrer ursprünglichen kultischen Bedeutung für den jeweils regierenden König, sondern schon in der sekundären messianischen Deutung«; FÜGLISTER ergänzt dies durch weitere Beobachtungen und folgert, »dass der pointierte – aber nicht ausschließliche – christologische Gebrauch der Psalmen, wie wir ihn im Neuen Testament finden, einen soliden Rückhalt im damaligen Judentum hat« (377); vgl. auch ERICH ZENGER, Das Buch der Psalmen, in: DERS. u.a., Einleitung in das Alte Testament, Stuttgart ^{2}1996, 249 (»Der messianische und theokratische Horizont des Psalmenbuchs«); DERS., Art. Königspsalmen, in: NBL Bd. 2, 1995, 510–513; ECKART OTTO/ERICH ZENGER, »Mein Sohn bist du« (Ps 2,7). Studien zu den Königspsalmen (SBS 192), Stuttgart 2002.

[20] ZENGER, Buch (s. Anm. 19), 244–247; vgl. zuletzt den Überblick von JOHANNES SCHNOCKS, Psalmen, Paderborn 2014.

[21] MARTIN HENGEL, The Atonement. The Origin of the Doctrine in the New Testament (Translation J. Bowden), Philadelphia – London 1981, 41: »For Mark, the few psalms of suffering which illuminate individual features of the suffering and death of Jesus, like Psalms 22 and 69, are exclusively *messianic* psalms, such as Ps 110 and 118 [...] The suffering ›of the righteous‹ is to be integrated completely into the suffering of the Messiah. The Messiah alone is the righteous and sinless one par excellence. His suffering therefore has irreplaceable and unique significance«; vgl. auch JUEL, Exegesis (s. Anm. 17), 103: »It is difficult to understand how the story of a paradigmatic ›righteous sufferer‹ could have been transformed into an account of the death of the King of the Jews and Christ, the King of Israel. It is conceivable, however, that material from the psalms could have been employed to tell the story of the King«. Dafür postuliert er eine komplizierte »midrashic logic« einer messianischen Auslegung von Ps 22,31; 69 auf der Basis von Ps 89, anstatt den einfacheren Weg über die Königspsalmen, vor allem Psalm 2, zu suchen. Den Weg über das Subjekt der Klagepsalmen – David – sucht AHEARNE-KROLL, Psalms (s. Anm. 17), 51–58 (»David, the PssLam, and the Gospel of Mark«); 57: »the royalty of Jesus is ironically depicted in chapters 14–16, but the Davidic association is continued through the use of the PssLam. This continuing association emphasizes the suffering aspect of David's life found in the PssLam.«

der Einzugserzählung (Mk 11,9f.) über die Verhandlung vor dem Synhedrium (Mk 14,61) und den Prozess vor Pilatus (Mk 15,2.12.18) bis hin zur Kreuzigungsszene (Mk 15,26.32). Die Frage des Hohenpriesters: »Bist du *der Messias/der Gesalbte*, der *Sohn* des Hochgelobten?« ist – so gesehen – nicht historisch, sondern verdankt sich, wie die Sanhedrin-Szene überhaupt, einem kreativen Erinnerungsakt, der das *scandalum crucis* im Licht des Psalters »aufarbeitet«. So dürfte die konkrete Gestalt der Szene aus der Schrift *generiert* sein, was auch auf andere Episoden der Passionserzählung zutrifft, allerdings – gegen John Dominic Crossan – nicht durchgängig gilt.[22]

Bevor wir uns (unter 3.) vertieft der Sanhedrin-Szene zuwenden, seien zunächst (unter Punkt 1) Voraussetzungen im Umgang mit den kanonischen Passionserzählungen benannt. Dann folgen (unter 2.) einige Beobachtungen zur Frage, wie aus dem Verkündiger des »Königtums Gottes«, der βασιλεία τοῦ θεοῦ, der Verkündigte wird, konkret: der messianische »König«, der βασιλεύς und Χριστός. Bereits hier orientieren wir uns am Psalter. Bei den Beobachtungen zur Sanhedrin-Szene, ihren Gestaltungsprinzipien und ihrer möglichen Genese, bleiben wir auf der Ebene literarisierter Glaubenserinnerung, woraus ersichtlich wird, mit welch großen Schwierigkeiten ein Absprung in die Historie behaftet ist.

1. Synchronie und Diachronie, Fiktionalität und Historie – zum Umgang mit kanonischen Passionserzählungen

Mit Teilen der jüngeren Forschung zu den kanonischen Passions- und Ostererzählungen postulieren wir eine bald nach Jesu Tod in Jerusalem entstandene Urfassung der Erzählung[23] mit »Sitz im Leben« in einer »judenchristlichen«

---

[22] John Dominic Crossan, Wer tötete Jesus? Die Ursprünge des christlichen Antisemitismus in den Evangelien, München 1999, 16: »Die Einheiten, Sequenzen und der Rahmen der Passionserzählung sind nicht von erinnerter Geschichte abgeleitet, sondern in Erzählung überführte Prophezeiung, historisierte Prophetie«; nach wie vor zutreffend Dibelius, Formgeschichte (s. Anm. 17), 188: »Zweifellos ist an einigen Stellen die Passion einfach aus dem Alten Testament bereichert worden; die Bibelstellen haben Geschichte produziert. [...] Aber es wäre verkehrt, dieses Urteil auf alle Begebenheiten anzuwenden, die als Erfüllungen des Alten Testaments dargestellt werden«; vgl. auch die Fallstudie Michael Theobald, »[...] er aber schwieg« (Mk 14,61; vgl. 15,5). Die Frage nach der Verantwortlichkeit Jesu im Pilatus-Prozess, in: Ulrich Busse/Michael Reichardt/Michael Theobald (Hrsg.), Erinnerung an Jesus. Kontinuität und Diskontinuität in der neutestamentlichen Überlieferung (FS Rudolf Hoppe) (BBB 166), Göttingen 2011, 233–265.

[23] Vgl. Hans Klein, Zur Frage einer Lukas und Johannes zu Grunde liegenden Passions- und Ostereruberlieferung, in: Ders., Lukasstudien (FRLANT 209), Göttingen 2005, 65–84; Wolfgang Reinbold, Der älteste Bericht über den Tod Jesu. Literarische Analyse und historische Kritik der Passionsdarstellungen der Evangelien, Berlin/New York 1994; Frank Schleritt, Der vorjohanneische Passionsbericht. Eine historisch-kritische und

Pesachfeier, in der jährlich des Todes Jesu gedacht wurde.[24] Diese Erzählung auch nur in ihren Umrissen zu rekonstruieren, halten zwar viele derzeit für unmöglich, weshalb sie sich mit der Auslegung der kanonischen Endtexte begnügen. Aber wer von der Unabhängigkeit des Johannesevangeliums von den Synoptikern ausgeht, gelangt auf der Basis eines Vergleichs der vormarkinischen und vorjohanneischen Passionserzählung durchaus zu belastbaren Ergebnissen, wobei auch die lukanische Fassung - wie unten exemplarisch an der Sanhedrin-Szene gezeigt werden soll - Wichtiges zur diachronen Analyse beiträgt. Allerdings darf diese keine falschen Erwartungen bedienen. Zu meinen, wie noch Rudolf Bultmann, es ließe sich aus den Erzählungen ein »legendenfreier Bericht« herausschälen,[25] gar ein solcher von Augenzeugen,[26] verkennt den Ausgangspunkt. Schon die älteste Fassung der Passions- und Ostergeschichte ist eine deutende Erzählung, die Jesu Weg zum Kreuz im Licht des Psalters zur Anschauung bringt, und zwar als den Weg des leidenden Gerechten bzw. leidenden *Messias.*[27] Die Gestaltung auch der übrigen Erzählfiguren speist sich aus dem Psalter, allen voran die der

---

theologische Untersuchung zu Joh 2,13-22; 11,47-14,31 und 18,1-20,29 (BZNW 154), Berlin 2007.

[24] Zu dieser Annahme vgl. MICHAEL THEOBALD, Die Passion Jesu bei Paulus und Markus, in: ODA WISCHMEYER/DAVID C. SIM/IAN J. ELMER (Hrsg.), Paul and Mark. Comparative Essays Part I. Two Authors at the Beginnings of Christianity, Berlin/New York 2014, 243-282; 248-255 (»Zur Genese der Passions- und Ostererzählungen«).

[25] BULTMANN, Geschichte (s. Anm. 5), 296.

[26] MARTIN HENGEL/ANNA MARIA SCHWEMER, Jesus und das Judentum (Geschichte des frühen Judentums, Bd. I), Tübingen 2007, 598f., wissen genau Bescheid: »Abgesehen von der Frage des ›vornehmen Ratsherren‹ Joseph von Arimathia und der Tatsache, dass ein Petrus sich bis in die Höhle des Löwen, das heißt in den Hof des hochpriesterlichen Palasts vorgewagt hatte, war die Hinrichtung Jesu am Passafest 30 n. Chr. sicherlich im weiteren Verlauf des Festes das Tagesgespräch in Jerusalem [...]. Die Anklageschrift und der Auslieferungsbeschluss gegen ihn waren im hochpriesterlichen Archiv vorhanden, und ihr Inhalt wird auch bei dem mehrfachen Vorgehen der Synedristen, des Königs Agrippa I. und Hannas II. gegen die Judenchristen in Jerusalem eine Rolle gespielt haben«. Wohltuend nüchtern: EDUARD LOHSE, Die Geschichte des Leidens und Sterbens Jesu Christi, Gütersloh 1964, 83f.: »der Markus 14,55-65 Par vorgelegte Bericht (kann) nicht auf irgendwelche Augenzeugen zurückgeführt werden [...], die den Christen nachträglich den Ablauf der Verhandlungen erzählt hätten«. Auch über Nikodemus und Josef von Arimathäa zu spekulieren, sei nutzlos, weil wir nicht wissen, »ob diese beiden Männer bei der Verhandlung anwesend waren«. In Mk 14,64 heiße es »ausdrücklich, dass alle anwesenden Ratsherrn Jesus des Todes schuldig sprachen, so dass der Evangelist uns nicht den geringsten Anhaltspunkt dafür gibt, dass unter den versammelten Mitgliedern des Synedriums sich irgend jemand gefunden haben sollte, der als Gewährsmann einer an die Gemeinde übergebenen Berichterstattung in Betracht kommen könnte«.

[27] Vgl. oben Anm. 21.

Sanhedristen, die die Rolle der Feinde des Gerechten bzw. der Frevler spielen. Die Erzählung ist also insgesamt in hohem Maße fiktional zu nennen.[28]

Fiktional, aber nicht einfach fiktiv! Abgesehen vom unbestreitbaren Faktum der Kreuzigung Jesu durch die Römer spiegelt das *Grundgerüst* der Erzählung, der doppelte Instanzenzug: »Vorklärung eines Falles durch die erstinstanzliche jüdische Selbstverwaltung« – »Überstellung des Delinquenten an den römischen Prokurator (zumal in Fällen der Kapitalgerichtsbarkeit)« Historisches wider; belegen lässt er sich z.B. durch die *Jesus ben Ananias* - Erzählung des Josephus, die demselben Muster folgt.[29] Freilich ist dieses Grundgerüst schon in der ältesten Fassung der Passionserzählung im Licht der vorausgesetzten (biblischen) Wertmaßstäbe *szenisch* wie *theologisch* kreativ aufgefüllt worden.

Szenisch geschah dies etwa so, dass aus einem möglichen nächtlichen Vorverhör Jesu durch einige Vertreter der Tempelaristokratie eine offizielle Sitzung des Sanhedrin wurde. Denn Markus betont ja mehrfach, dass das *ganze* Gremium anwesend war (Mk 14,53b.55) und »*alle*« am Todesurteil mitwirkten (Mk 14,64c).[30]

Theologisch von größter Bedeutung ist die Re-Interpretation des *titulus crucis*, der trotz möglicher Zweifel in seinem Kernbestand: »(Der) König der Juden« echt sein dürfte.[31] Zwar entstammen die spärlichen Belege für den oft

---

[28] So UTE EISEN, Literatur macht Geschichte. Die neutestamentlichen Erzählungen von der Verurteilung Jesu, in: KARIN FINSTERBUSCH/MICHAEL TILLY (Hrsg.), Verstehen, was man liest, Göttingen 2010, 100–122, mit Bezug auf Markus.

[29] Vgl. MICHAEL THEOBALD, Jesus, Sohn des Ananias, und Jesus, Sohn Josephs. Zwei jüdische Propheten vor dem römischen Tribunal – jeweils mit tödlichem Ausgang, in: DERS., Jesus, Kirche und das Heil der Anderen (SBAB 56), Stuttgart 2013, 97–106, mit weiterer Literatur. – Das hat zur Konsequenz, dass allen Rekonstruktionen, die eine jüdische Mitwirkung am Prozess Jesu mehr oder weniger bestreiten (so HANS LIETZMANN, Der Prozess Jesu, Berlin 1931 = Kleine Schriften II, Berlin 1958, 251–263; PAUL WINTER, On the Trial of Jesus, Berlin 1961; WOLFGANG STEGEMANN, Gab es eine jüdische Beteiligung an der Kreuzigung Jesu?, in: KuI 13 [1998], 3–24), eine Absage zu erteilen ist.

[30] Das πάντες in V. 53b und V. 64c rahmt den Absatz. In V. 55 heißt es eigens: ὅλον τὸ συνέδριον.

[31] Neben DAHL, Messiah (s. Anm. 5), und HAHN, Hoheitstitel (s. Anm. 6), sind als Vertreter der Historizität des *titulus crucis* noch zu nennen: MARTIN DIBELIUS, Das historische Problem der Leidensgeschichte, in: Botschaft und Geschichte I (s. Anm. 17), 248–257, hier 256; TOM ALEC BURKILL, The Trial of Jesus, in: VC 12 (1958), 1–18; PAUL WINTER, On the Trial of Jesus, Berlin 1961, 107–110; WAYNE MEEKS, The Prophet-King, Leiden 1967, 79, Anm. 1, sowie zuletzt: NICLAS FÖRSTER, Der titulus crucis. Demütigung der Judäer und Proklamation des Messias, in: NT 56 (2014), 113–133; a.a.O., 116f. findet er die Urgestalt des *titulus* zu Recht bei Markus, doch seine Definition mit dem Artikel (»*der* König der Juden«) dürfte als Indiz seiner Re-Interpretation sekundär sein. – Skeptisch bis ablehnend WOLFGANG REINBOLD, Der Prozess Jesu, Göttingen 2006, 83–101 (94: »Es ist unsicher, ob der titulus am Kreuz ein historisches Faktum ist. Aus meiner Sicht spricht mehr dagegen als dafür«) und INGO BROER, Der Kreuzestitulus (Mk 15,26 parr.), in: BUS-

behaupteten römischen Brauch, das Todesurteil durch eine Tafel oder ähnliches publik zu machen, exzentrischen Situationen,[32] bieten aber gerade dadurch, dass sie es nicht erlauben, von einem überall und stets praktizierten Brauch zu sprechen, ein Argument dafür, dass der *titulus* im Fall der Kreuzigung Jesu *nicht* auf einer solch angeblich festen Basis später erfunden wurde.[33] Für seine Historizität spricht im Gegenteil die schon von N. A. Dahl in Anschlag gebrachte Sperrigkeit des *titulus* – »[i]n general early Christians hesitated to use the title ›King‹ for Jesus«[34] –, zusätzlich seine pagane Sprachgestalt (aus jüdischem Mund müsste es »König *Israels*« heißen) und schließlich Jesu Verspottung durch die römischen Soldaten, bei der es sich um die Travestie einer Königsaudienz handelt, die seine Verurteilung als »König der Juden« voraussetzt.[35] Dass mit dem *titulus crucis* ein wesentliches, vielleicht das folgenreichste Stück »harte Historie« in die Passionserzählung hineinragt,[36] steht für das Trauma der Anhänger Jesu: Ihr Meister, hingerichtet als angeblich politisch gefährlicher Messiasprätendent! Dieser historische Anknüpfungspunkt ist dann in der Erzählung einer folgenreichen theologischen

---

SE/REICHARDT/THEOBALD (Hrsg.), Erinnerung (s. Anm. 22), 267–283 (283: »die Historizität« sei »fraglicher«, »als sie in der Regel dargestellt wird«).

[32] Dokumentiert von REINBOLD, Prozess (s. Anm. 31), 92f.; vgl. auch FÖRSTER, titulus (s. Anm. 31), 117f.

[33] FÖRSTER, Titulus (s. Anm. 31), 117: »Wichtig für die Beurteilung der neutestamentlichen Berichte vom titulus crucis ist [...] sein ungewöhnlicher, ja geradezu historisch analogieloser Charakter. Aus der ganzen Antike fehlt uns ein weiterer Bericht dieser Art. Gerade deswegen kann man ihn nicht einfach als christliche Zutat zu der Schilderung des Kreuzigungsgeschehens betrachten, die ein bei Hinrichtungen übliches Prozedere, den Verurteilungsgrund bekannt zu geben, nutzte, um ein christliches Bekenntnis zu Jesus als Messiaskönig einzutragen.« 118: Gängiger römischer Praxis entsprach vielmehr »die Veröffentlichung *vor* der Hinrichtung«. »In der Regel übernahm ein bestellter Ausrufer die Aufgabe, den Grund des Todesurteils öffentlich bekanntzugeben, und zwar entweder unmittelbar bevor der Delinquent zur Urteilsvollstreckung abgeführt wurde oder auf dem Weg zum Ort der Hinrichtung. Nur in wenigen Fällen ist davon die Rede, dass diese Funktion ein umhergetragenes Schild übernahm. Demnach hatte man auch in unseren Evangelien die Erwähnung des titulus crucis (oder eines Ausrufers) *auf dem Weg* Jesu nach Golgatha oder in dem Moment, als Pilatus Jesus zur Kreuzigung übergab, erwarten müssen, wenn diese Einzelheit in der Darstellung auf die christliche Gemeinde zurückgehen würde.«

[34] DAHL, Messiah (s. Anm. 5), 24.

[35] BERNHARD MUTSCHLER, Die Verspottung des Königs der Juden. Jesu Verspottung in Jerusalem unter dem Blickwinkel einer parodierten Königsaudienz (BThSt 101), Neukirchen-Vluyn 2008.

[36] FÖRSTER, Titulus (s. Anm. 31), 133, sieht im Vorgehen des Pilatus eine gezielte Provokation, der das qualvolle Leiden Jesu am Kreuz »selbst zu einer abschreckenden Desavouierung von Messiashoffnungen und zu einer ›*coercitio*‹ der ›*Judaea gens*‹ werden ließ. Unter dieser Perspektive wird der titulus crucis, der Jesu Tod auf dem Hintergrund besonderer historischer Umstände zu einem warnenden Exempel machen sollte, als eine historisch belastbare Erinnerung fassbar.«

Transformation – einer *interpretatio christiana* – unterzogen worden.[37] Deutlich wird das an der auffälligen Diskrepanz zwischen dem Titel und der Erzählung vorweg, deren Zielpunkt er ist: Nicht nur bejaht Jesus faktisch die Frage des Pilatus, ob er »der König der Juden« sei (Mk 15,2), auch der Prokurator selbst scheint in diesem Bekenntnis (gegen alle historische Plausibilität!) keinen Grund für seine Verurteilung zu sehen. Aufschlussreich ist der narrativ gekonnt inszenierte Kontrast zwischen Jesus und Barrabas, zwischen dem also, »der nichts Böses getan hat« (vgl. Mk 15,14), und dem »Aufrührer« und Mörder, der laut Mk 15,7 Mitglied einer Bande ist.[38] Auf diese passt genau, was Josephus von derartigen Leuten sagt: »eine Schar von Aufrührern«, die einen »König« – βασιλεύς– aufstellen und das Land mit »Mord und Totschlag« überziehen.[39] Was der βασιλεύς-Titel demnach an gefährlichem Sprengstoff in sich birgt, verdeckt die Passionserzählung geschickt mit ihrer Kontrastgeschichte, wenn sie ihn gerade *nicht* als Synonym für στασιαστής = *Aufrührer* (Mk 15,7) zu lesen anleitet. In welchem Sinne aber dann? Darauf soll im Folgenden eine Antwort versucht werden.

2. Wie wird aus dem Verkündiger der »Königsherrschaft Gottes (βασιλεία τοῦ θεοῦ)« der als »königlicher Messias (βασιλεύς)« Verkündigte?

Bevor wir die Frage nach der theologischen Transformation des *titulus crucis* in der Passionserzählung weiterführen, sind zunächst die beiden wichtigsten Argumente zu nennen, die gegen die Annahme sprechen, Jesus selbst hätte es in der Zeit seines öffentlichen Wirkens zugelassen, ὁ Χριστός genannt zu werden. Zum einen passt die Erwartung eines »königlichen Messias« nicht zu Jesu »theozentrischer Verkündigung, in der es um die endzeitliche Königsherrschaft Gottes ging.«[40] Die Stelle des Königs war in seiner Weltsicht schon besetzt – durch Gott. Wie sollte sich da Jesus selbst noch als gesalbten König

----

[37] Auch DAHL, Messiah (s. Anm. 5), 24, spricht, allerdings nicht im Zusammenhang mit dem βασιλεύς-Titel, von »the Christianizing of the Title Messiah«.

[38] Mk 15,7: »Es war aber der so genannte Barabbas mit den Aufständigen (μετὰ τῶν στασιαστῶν) gebunden, die bei dem Aufstand (ἐν τῇ στάσει) einen Mord begangen hatten«.

[39] JOSEPHUS, Ant. 17, 285: »So war Judäa eine wahre *Räuber*höhle, und wo sich nur immer eine *Schar von Aufrührern* zusammentat, wählten sie gleich *Könige*, die dem Staat sehr verderblich wurden. Denn während sie den Römern nur unbedeutenden Schaden zufügten, wüteten sie gegen ihre eigenen Landsleute weit und breit mit *Mord* und Totschlag.« FÖRSTER, Titulus (s. Anm. 31) 122–130, verweist konkret auf die beiden Aufrührer Simon und Athronges, von denen wir durch Josephus und teils Tacitus wissen, die sich beide nach dem Tod des Herodes 4 v. Chr. zu Messiaskönigen ausgerufen hätten, als »Präzedenzfälle in den Augen des Pilatus«.

[40] HAHN, Theologie II (s. Anm. 8), 208.

begreifen bzw. von anderen als solcher feiern lassen? Zum anderen ist für die davidische Königsvorstellung Jerusalem bzw. der Zion zentral, in der Verkündigung des *Galiläers* Jesus fällt der Zion aber aus.[41] Sein letzter Zug zum Pesachfest nach Jerusalem ändert daran nichts, insofern er seiner Absicht geschuldet ist, nun auch die Bewohner der heiligen Stadt samt Tempelaristokratie mit seiner Ansage der βασιλεία Gottes zu konfrontieren.[42] In dem von ihm erwarteten Prozess der endzeitlichen Durchsetzung der βασιλεία τοῦ θεοῦ spielt der Zion als theologische Größe keine Rolle, auch nicht in Gestalt der Erwartung eines neuen Tempels beim Vollanbruch der βασιλεία, was freilich bis heute umstritten ist.[43]

Die Gegenprobe auf die These, dass der Χριστός-Titel ursprünglich *nicht* in der Jesus-Überlieferung verankert war, müsste vor allem eine Überlieferungskritik der Episode vom Bekenntnis des Petrus bei Cäsarea Philippi erbringen, das in der ältesten synoptischen Gestalt lautet: »*Du bist der Gesalbte* (ὁ Χριστός)!« (Mk 8,29). Eine genetische Analyse dieser Episode kann hier nicht geboten werden, doch sei immerhin so viel gesagt, dass die johanneische Parallele: »*Du bist der Heilige Gottes* (ὁ ἅγιος τοῦ θεοῦ)!« (Joh 6,69) möglicherweise die ältere Gestalt des Petrus-Bekenntnisses aufbewahrt.[44] Die archaische Prädikation »*der Heilige Gottes*« wäre dann in der vormarkinischen Fassung gegen ὁ Χριστός ausgetauscht worden. Dafür findet sich sogar ein Grund, auf den die Lokalisierung der Episode bei Mk (und Mt) »in den Dörfern von

---

[41] JÜRGEN BECKER, Jesus von Nazaret, Berlin/New York 1996, 84.158–162; 161: Jesus »sprengt die Symbiose von Gottesherrschaft und Ziontradition. Diese bleibt brach liegen; dafür wird jene allein im Schöpfungskontext ausgelegt«; vgl. auch BULTMANN, Theologie (s. Anm. 3), 3: »Kein Wort Jesu redet vom Messiaskönig, der die Feinde des Volkes zerschmettern wird; kein Wort von der Herrschaft des Volkes Israel über die Erde, von der Sammlung der zwölf Stämme oder von dem Glück im reichen, vom Frieden gesegneten Lande«.

[42] CONZELMANN, Jesus (s. Anm. 4), 630: »Freilich scheint die Tatsache, dass J. nach Jerusalem zog, schon als solche zu beweisen, dass er als Messiasprätendent auftrat; sie beweist in Wirklichkeit aber nur, dass er das Volk als solches – mit seiner Führungsschicht – unausweichlich zur Buße rufen wollte. Ein spezifisches ›Messias‹-Bewusstsein ist daraus nicht ohne weiteres zu folgern«.

[43] Vgl. die Debatte bei KURT PAESLER, Das Tempelwort Jesu. Die Traditionen von Tempelzerstörung und Tempelerneuerung im Neuen Testament (FRLANT 184), Göttingen 1999.

[44] DIETER LÜHRMANN, Das Markusevangelium (HNT 13), Tübingen 1987, 144, rechnet mit einer »vormarkinischen Überlieferung 27a.29 (bzw. 27b statt der Einleitung in 29). Sie hat eine Parallele in Joh 6,66–71, die aber nicht über ein Bekenntnis des Petrus hinausgeht (Joh 6,69), und dieses lautet dort nicht σὺ εἶ ὁ Χριστός, sondern σὺ εἶ ὁ ἅγιος τοῦ θεοῦ (vgl. die Textüberlieferung von Joh 6,69, in der sekundär der Χριστός-Titel kombiniert mit anderen Titeln eingeführt wird; dass Joh diesen Titel nicht etwa unterdrückt, zeigt z.B. Joh 1,41). Hat es also eine Überlieferung von einem Bekenntnis des Petrus gegeben, so ist damit noch nicht gesichert, dass dieses wie bei Mk lautete: σὺ εἶ ὁ Χριστός«.

Cäsarea Philippi« – in der johanneischen Fassung fehlt sie bekanntlich[45] – hinweisen könnte. Die Botschaft, dass Petrus Jesus im Schatten *der* Stadt als Messias bekannt habe, die zu Ehren des *Imperator Caesar Augustus* ihren Namen trug, verstand, wer sie verstehen wollte: *Jesus* ist der wahre und eigentliche »König« mit messianischer Würde – nicht der Kaiser von Rom oder sonst irgendein Herrscher dieser Erde![46]

Wer nun mit Nils Dahl und anderen die Historizität des *titulus crucis* vertritt, wird bei der Frage, wie aus dem Verkündiger der »Königsherrschaft« Gottes der Χριστός-βασιλεύς wurde, auch die diffusen Erwartungen und Hoffnungen berücksichtigen, die Jesu Wirken in Galiläa, aber auch sein letzter Zug nach Jerusalem bei den Menschen auslösten, wie sie wahrscheinlich in der Überlieferung von seinem Einzug in der Stadt nachklingen.[47] Führte seine prophetische Demonstration samt Gerichtswort über den Tempel zu Verhaftung und Verhör durch die Tempelaristokratie und dann zur Auslieferung an die Römer, so nennt der *titulus crucis* aus deren Perspektive seinen Hinrichtungsgrund, nämlich ein politischer Aufrührer mit Herrschaftsanspruch zu sein nach dem Muster der Aufrührer, von denen später Josephus berichten sollte. Danach ist Jesus Opfer eines *Erwartungsmusters* geworden, demzufolge seine Rede von der »Königsherrschaft« Gottes unweigerlich *theokratisch* verstanden wurde, ohne dass sich sagen ließe, wie er selbst sich im Verhör durch Pilatus dazu stellte.[48]

---

[45] Auch bei Lukas fehlt sie, der die Episode bei Gelegenheit eines Gebets Jesu in der Einsamkeit stattfinden lässt: Lk 9,18. Ob er die möglichen politischen Assoziationen unterdrücken wollte?

[46] Vgl. WILFRIED EISELE, »Du bist Christus« (Mt 16,16). Das Bekenntnis von Caesarea Philippi auf dem Hintergrund der lokalen Kulte, in: ThQ 190 (2010), 216–237; siehe auch schon GUDRUN GUTTENBERGER, Why Caesarea Philippi of all Sites? Some Reflections on the Political Background and Implications of Mark 8:27–30 for the Christology of Mark, in: MICHAEL LABAHN/JÜRGEN ZANGENBERG (Hrsg.), Zwischen den Reichen: Neues Testament und Römische Herrschaft. Vorträge auf der Ersten Konferenz der European Association for Biblical Studies, Tübingen 2002, 119–131.

[47] Dazu vgl. zuletzt FÖRSTER, Titulus (s. Anm. 31), 130f. Die Situation beschreibt treffend FÜGLISTER, Verwendung (s. Anm. 19), 373, so: Die »Virulenz der messianischen Erwartung unmittelbar vor der Zeitenwende erklärt sich aus der damaligen innen- und außenpolitischen Situation der palästinensischen Juden. Innenpolitisch ist die von gewissen Kreisen auf die makkabäisch-hasmonäische ›Dynastie‹ gesetzte Hoffnung kläglich gescheitert, außenpolitisch steht seit 63 v.Chr. Palästina unter dem verhassten Regime Roms, das mit Edom gleichgesetzt wird. Diese Situation war sicher dazu angetan, der Sehnsucht nach dem Kommen des idealen judäischen-davidischen Herrschers neuen Auftrieb zu geben« (zu PsSal 17+18).

[48] Obwohl sein breit bezeugtes »Schweigen« aus der Schrift-Matrix generiert sein könnte, ist nicht auszuschließen, dass hinter dem Motiv historische Erinnerung steckt; vgl. THEOBALD, Frage (s. Anm. 22), 258–265.

So erschließt sich auch die Antwort auf die Frage, wie aus dem Verkündiger der »Königsherrschaft« Gottes der Χριστός-βασιλεύς werden konnte,[49] aus anderen Quellen. Der *historische* Angelpunkt der ältesten Passionserzählung ist zwar Jesu Verurteilung als »König der Juden«, ihr axiomatischer Einsatzpunkt in *theologischer* Hinsicht aber seine Verkündigung als »Auferweckter aus den Toten« - in der Passionserzählung inszeniert bzw. veranschaulicht in ihrer Abschlussszene mit dem himmlischen Boten in der leeren Grabkammer (Mk 16,6).[50] Dahinter steht die erste theologische Reflexion der Ostererfahrung, von der wir annehmen dürfen, dass sie sich aus der Schrift speist, insbesondere aus dem Psalter, von dem Erich Zenger sagt, er sei im Judentum zur Zeit Jesu »das ›Lebensbuch‹ vor allem jener Gruppen« gewesen, die in ihm »›die Armen‹, ›die Frommen‹ und ›die Gerechten‹ genannt werden« - »nach dem Ausweis der Zitate im NT« auch »das Lieblingsbuch des entstehenden Christentums.«[51] Wer die frühchristliche Rezeption von Ps 2 und 110 wie die der anderen Königspsalmen verfolgt,[52] wird der These zustimmen, dass die

---

[49] Übergreifend dazu HAHN, Theologie II (s. Anm. 8), 179-182 (»Die Übernahme der Basileia-Botschaft in die Christologie«).

[50] MICHAEL THEOBALD, Angefochtener Osterglaube - im Neuen Testament und heute, in: ThQ 193 (2013), 4-31: 24-27.

[51] ZENGER, Buch (s. Anm. 19), 250; er folgt damit der Einschätzung von FÜGLISTER, Verwendung (s. Anm. 19), 319-384; vgl. ROWE, Kingdom (s. Anm. 1), 5 Anm. 10+11; vgl. auch den Sammelband von ERICH ZENGER (Hg.), Der Psalter in Judentum und Christentum (HBS 18), Freiburg u.a. 2002. - Zur frühchristlichen Schriftlektüre als Humus werdender Christologie vgl. MARTIN HENGEL, Christologie und neutestamentliche Chronologie. Zu einer Aporie in der Geschichte des Urchristentums, in: DERS., Studien zur Christologie. Kleine Schriften IV (WUNT 201), Tübingen 2006, 27-51, 50; DERS., Abba, Maranatha, Hosanna und die Anfänge der Christologie, ebd. 496-534; a.a.O., 508 mit Anm. 73, verweist er auf die sprachlichen Bezüge von Apg 2,46 (ἐν ἀγαλλιάσει) zum Septuagintapsalter, was auf bei den Symposien gesungene Psalmen hindeuten könnte (vgl. auch Mk 14,26); dazu HANS-ULRICH WEIDEMANN, Jesus ist der Herr. Vorbemerkungen zur Christologie der »Urgemeinde«, in: GEORGE AUGUSTIN/KLAUS KRÄMER/MARKUS SCHULZE (Hrsg.), Mein Herr und mein Gott. Christus bekennen und verkünden (FS Walter Kardinal Kasper), Freiburg 2013, 43-69, 64-66; a.a.O., 65 Anm. 86: »Die ›Urgemeinde‹ betet laut 4,25f. Ps 2,1f. LXX«; vgl. auch Apg 16,25: Im Gefängnis zu Philippi »beteten Paulus und Silas um Mitternacht Loblieder (προσευχόμενοι ὑμνοῦν τὸν θεόν), und die Gefangenen hörten ihnen zu«. Zur Psalmenchristologie vgl. Apg 2,25-28 (Ps 16,8-11); 2,34f. (Ps 110,1) und 4,11 (Ps 118,22) etc.

[52] Zu Ps 2 vgl. ALFONS DEISSLER, Die Stellung von Psalm 2 im Psalter. Folgen für die Auslegung, in: JOSEF SCHREINER (Hg.), Beiträge zur Psalmenforschung. Psalm 2 und 22 (FzB 60), Würzburg 1988, 73-83; PAUL MAIBERGER, Das Verständnis von Psalm 2 in der Septuaginta, im Targum, in Qumran, im frühen Judentum und im Neuen Testament, ebd. 85-151; O'BRIEN, Use (s. Anm. 17), 155-166; zu Ps 110 DAVID HAY, Glory at the Right Hand. Psalm 110 in Early Christianity (SBLMS 18), Nashville 1973; DIETER SÄNGER, (Hg.), Heiligkeit und Herrschaft. Intertextuelle Studien zu Heiligkeitsvorstellungen und zu Psalm 110 (BThSt 55), Neukirchen-Vluyn 2003; MARTIN HENGEL, »Setze dich zu meiner Rechten!« Die Inthronisation Christi zur Rechten Gottes und Psalm 110,1, in: DERS., Studien zur Christologie. Kleine Schriften IV (WUNT 201), Tübingen 2006, 281-367; O'BRIEN,

christliche Lektüre des Psalters in der Tat das früheste Echo auf Jesu eigene Verkündigung von der »Königsherrschaft« Gottes darstellt und zugleich deren christologische Transformation bezeugt.[53] Der Psalter spricht oft von der Königsherrschaft JHWHs,[54] im Zusammenhang damit aber auch oft genug vom irdischen, davidischen »König«, den er auf dem Zion installiert.[55] Psalm 22, aus dessen Klage die Kreuzigungsszene gewoben ist, gipfelt im Dank für die Errettung des Verfolgten (V.25-27)[56] wie im »endzeitlichen Lob« Gottes, der seine »Königsherrschaft« über die Völker errichtet (V.28-32).[57] So lag es nahe,

----

Use (s. Anm. 17), 167-172; außerdem die von ROWE, Kingdom (s. Anm. 1), 2 Anm. 5, verzeichnete Lit. Beachtlich sind auch die übergreifenden Beobachtungen von FÜGLISTER, Verwendung (s. Anm. 19), 371-377 zur »Messianisierung des Psalters« (vgl. oben Anm. 21).

[53] Die ältesten Belege für eine nicht-jesuanische Verwendung von βασιλεία τοῦ θεοῦ im frühchristlichen Schrifttum bietet Paulus (vgl. Röm 14,17; 1Kor 4,20; 6,9f.; 15,50; Gal 5,21; 1Thess 2,12), wobei seine zumeist recht formelhafte Rede keine Bezüge zu den Königs-Psalmen zu erkennen gibt.

[54] Einen Überblick bietet - aus rezeptionsgeschichtlicher Perspektive - ODO CAMPONOVO, Königtum, Königsherrschaft und Reich Gottes in den frühjüdischen Schriften (OBO 58), Freiburg (Schweiz)/Göttingen 1984, 91-102.

[55] In Buch I: Ps 2.18.20.21; in Buch II: Ps 45; in Buch III: Ps *72* (der letzte Psalm im Buch); in Buch IV: Ps *89* (der letzte Psalm im Buch); in Buch V: Ps 101; 110; 132. - Die Verknüpfung der »Königsherrschaft Gottes« mit der Herrschaft des irdischen Königs (problematisch noch in 1Sam 8; 12,12.17.19) findet sich in 1Chron 28,5 (die Könige »auf dem Thron der Königsherrschaft JHWHs über Israel«; vgl. auch 2Chron 9,8; 13,8: »das Königtum JHWHs, das in der Hand der Söhne Davids liegt«) sowie in PsSal 17+18, wo beides nahtlos miteinander verbunden ist: 17,3f.33f.

[56] Das Lobversprechen zuvor, V. 23, dürfte auf Mt 28,10 (ἀπαγγείλατε τοῖς ἀδελφοῖς μου) par Joh 20,17 abgefärbt haben; vgl. auch Hebr 2,12. V. 27 - im Psalm selbst wohl als »Anspielung auf das endzeitliche Mahl« zu verstehen (CAMPONOVO, Königtum [s. Anm. 54], 100 Anm. 125) - lässt sich gut mit der Annahme verbinden, dass der Psalm in den Mahlfeiern der Jerusalemer Gemeinde eine neue Heimat fand: *»die Armen sollen essen und sich sättigen*; den Herrn sollen preisen, die ihn suchen. / Aufleben soll euer Herz für immer«; diese Annahme hat Bestand, darüber hinaus gehende Schlüsse aus dem Psalm auf den Ursprung dieser Mahlfeiern bleiben methodisch fragwürdig: GESE, Psalm 22 (s. Anm. 17); JOACHIM JEREMIAS, Ist das Dankopfermahl der Ursprung des Herrenmahls?, in: CHARLES KINGSLEY BARRETT u.a. (Hrsg.), Donum Gentilicium. New Testament Studies in Honour of David Daube, Oxford 1978, 64-67.

[57] »(28) Wenn sie das bedenken, werden (zu JHWH) umkehren alle Enden der Erde, werden niederfallen vor ihm alle Sippen der Völker. (29) *Denn* JHWH *gehört das Königtum; er ist Herrscher über die Völker* (LXX: ὅτι τοῦ κυρίου ἡ βασιλεία, καὶ αὐτὸς δεσπόζει τῶν ἐθνῶν) [...]«. Zum Finale des Psalms vgl. JÖRG JEREMIAS, Das Königtum Gottes in den Psalmen. Israels Begegnung mit dem kanaanäischen Mythos in den Jahwe-König-Psalmen (FRLANT 141), Göttingen 1987, 144f.: Ihm zufolge ist die in Ps 22 vorgenommene Verbindung von »individuelle(m) Geschehen und Königtum Gottes« im AT »singulär«. »Die (erwartete oder erfahrene) Errettung eines Einzelnen, dessen Not im Klagelied so umfassend und alle individuelle Erfahrung transzendierend geschildert wird wie sonst kaum in den Psalmen, ist zunächst Anlass eines üblichen Dankgottesdienstes, bei dem die geladenen ›Brüder‹ in ihrem teilnehmenden Lobpreis

die Auferweckung des in Jerusalem Gekreuzigten als seine himmlische Inthronisation zum messianischen König vom Zion her zu deuten, durch die er in die Königsherrschaft Gottes, die er zu Lebzeiten in Vollmacht proklamierte, nun als ihr österlicher Repräsentant einbezogen wird.[58] Nicht zufällig ist auch die alte Sterbensformel »*Christus* starb für uns« (Röm 5,8) dem Subjekt ὁ Χριστός unterstellt, worin laut M. Hengel »die ursprüngliche titulare Bedeutung [des Namens] noch deutlich durch-(schimmert).«[59] Als »Messiasprätendent« verurteilt und am Kreuz hingerichtet - dies ist der Ausgangspunkt für die Applikation der Vorstellung vom davidisch-messianischen Königtum auf Jesus, die damit eine tief greifende Transformation erfährt.

Außerordentliche Bedeutung besitzt in diesem Prozess ausweislich der zahlreichen, teils frühen neutestamentlichen Anspielungen und Zitate[60] der Eröffnungstext des ersten Psalmbuchs bzw. des Psalters insgesamt, Ps 2, der mit Ps 1 zusammen »in der Tradition durch längere Zeit hindurch [...] als ein Psalm betrachtet«[61] wurde. Seine messianische Auslegung im Frühjudentum, z.B. in den Psalmen Salomos,[62] zeigt, dass seine frühe »judenchristliche« Re-

---

›alle Nachkommen Jakobs, alle Nachkommen Israels‹ repräsentieren (V.24). Aber dann weitet sich der Kreis ins Unermessliche, und jetzt ist ohne jeden Zweifel der Blick in die Zukunft gerichtet. Die im Gottesdienst gefeierte Rettung wird zum Anlass der Enthüllung des Königtums Jahwes - das Abstractum המלוכה (V.29) wird nur hier und in Ob 21 im Alten Testament für Gott verwendet -, indem räumlich alle Völker (V.28), der Konstitution nach Starke und Schwache (V.30a), zeitlich Lebende, Nachgeborene und noch Ungeborene (V.30b-31) sich vor Gott anbetend niederwerfen werden«; zum Entwurf von Jeremias vgl. BERND JANOWSKI, Das Königtum Gottes in den Psalmen. Bemerkungen zu einem neuen Gesamtentwurf, in: ZThK 86 (1989), 389-454.

[58] Fiel der Zion in Jesu eigener Verkündigung aus (siehe oben Anm. 41), so kehrt er in der österlichen Sicht seiner Kreuzigung in Jerusalem wieder, jetzt als zentrales Element seiner *Inthronisation auf dem Zion*.

[59] HENGEL, Jesus [2001] (s. Anm. 1), 3. Vgl. auch oben Anm. 16.

[60] Ps 2 gehört mit wohl zwölf Zitaten (von den Anspielungen ganz abgesehen) zu den wichtigsten Psalmen des NT, davon fallen allein acht deutliche Bezugnahmen auf die Offb: vgl. STEPHAN WITETSCHEK, Der Lieblingspsalm des Sehers. Die Verwendung von Ps 2 in der Johannesapokalypse, in: MICHAEL A. KNIBB (Hg.), The Septuagint and Messianism (BEThL 195), Leuven 2006, 487-502.

[61] FÜGLISTER, Verwendung (s. Anm. 19), 362 mit Anm. 95 und Verweis u.a. auf den sog. westlichen Text von Apg 13,33; a.a.O., 354: »Der wahrscheinlich schon bestehenden Gesamtsammlung des Psalters« wurde »als Vorwort und damit gleichsam als Notenschlüssel« Ps 1 vorangestellt; zur makrokontextuellen Bedeutung von Ps 1+2 vgl. auch DEISSLER, Stellung (s. Anm. 52); ERICH ZENGER, Der Psalter als Wegweiser und Wegbegleiter. Ps 1-2 als Proömium des Psalmenbuchs, in: ARNOLD ANGENENDT/HERBERT VORGRIMLER (Hrsg.), Sie wandern von Kraft zu Kraft (FS Reinhard Lettmann), Kevelaer 1993, 127-147; MAIBERGER, Verständnis (s. Anm. 52), 85-89.

[62] PsSal 17,21-25: dazu MAIBERGER, Verständnis (s. Anm. 52), 105f.; zu Qumran vgl. COLLINS, Scepter (s. Anm. 8); JOHANNES ZIMMERMANN, Messianische Texte aus Qumran. Königliche, priesterliche und prophetische Messiasvorstellungen in den Schriftfunden von Qumran (WUNT 2/104), Tübingen 1998, 513 (Register zu Psalm 2); zu 4Qflor; 1QSa 2,12.14.20 (»der Messias Israels«) vgl. MAIBERGER, ebd. 93-105.

zeption nicht völlig überraschend kommt. Sie dürfte auch sehr alt sein. Bereits die vorpaulinische Glaubensformel Röm 1,3f. bringt die im Psalm in Gestalt von Gottesworten proklamierte amtliche Bestallung des Königs mit der österlichen Erhöhung Jesu zusammen, die so als Inthronisation des über die Völker herrschenden messianischen Königs gedeutet wird: »der dem Fleisch nach aus dem Samen Davids geboren wurde, der dem Geist der Heiligkeit nach *als Sohn Gottes eingesetzt wurde* [...] aufgrund/seit der Auferstehung der Toten - Jesus Christus, unser Herr.«[63] Später wurde dieses Deutungsmodell der Bestallung Jesu mit dem messianischen Amt gleichsam in sein irdisches Leben »vordatiert« und mit seiner Taufe, dann auch der Ankündigung seiner Geburt (Mt 1,1 etc.; Lk 1,32) verknüpft. Werfen wir einen kurzen Blick auf den Psalm:[64]

1 Warum toben die Nationen
und sinnen Eitles die Völkerschaften?
2 Es treten auf Könige der Erde,
und Fürsten tun sich zusammen gegen den HERRN und seinen *Gesalbten*:
3 »Lasst uns zerreißen ihre Bande
und von uns werfen ihre Stricke!«
4 Der im Himmel thront, lacht,
der Herr spottet über sie.
5 Dann spricht er sie an in seinem Zorn,
in seiner Zornglut schreckt er sie:
6 »Habe doch ich meinen *König* geweiht auf Zion, meinem heiligen Berg!«
7 Lasst mich die Anordnung des HERRN bekannt geben!
Er hat zu mir gesprochen:
»Mein *Sohn* bist du,
ich habe dich heute gezeugt.
8 Fordere von mir,
und ich will dir die Nationen zum Erbteil geben,
zu deinem Besitz die Enden der Erde.
9 Mit eisernem Stab magst du sie zerschmettern,
wie Töpfergeschirr sie zerschmeißen.«
10 Und nun, ihr Könige, handelt verständig;
lasst euch zurechtweisen, ihr Richter der Erde!
11 Dienet dem HERRN mit Furcht,
und jauchzt mit Zittern!

---

[63] Vgl. MICHAEL THEOBALD, »Dem Juden zuerst und auch dem Heiden«. Die paulinische Auslegung der Glaubensformel Röm 1,3f., in: DERS., Studien zum Römerbrief (WUNT 136), Tübingen 2001, 102–118; ULRICH B. MÜLLER, »Sohn Gottes« – ein messianischer Hoheitstitel Jesu, in: ZNW 87 (1996), 1–32.– In Apg 2,36 (›Gott hat ihn zum Kyrios und zum Christus/Messias gemacht« klingt nach, dass der Messias-Titel (wie der des Kyrios) Jesus erst nachträglich zugelegt wurde.

[64] Übersetzung der Elberfelder Bibel (nach der Masora); auf die weiteren Textformen (LXX; Targum) samt Varianten muss und kann hier nicht eingegangen werden.

[12] Küsst den Sohn,
dass er nicht zürne und ihr umkommt auf dem Weg;
denn leicht entbrennt sein Zorn.
Glücklich alle, die sich bei ihm bergen!

Für die alte Passionserzählung darf der Psalm aus zwei Gründen als Leittext dienen. Zum einen ist es wohl der einzige alttestamentliche Text, der die drei Titel, die auch die Passionserzählung prägen, auf engstem Raum gemeinsam aufbietet: *Gesalbter - Sohn - König.*[65] Zum anderen zeichnet der Psalm genau die dramatische Situation, die auch die beiden Prozess-Szenen der Passionserzählung beherrscht: den Aufruhr der »Archonten (ἄρχοντες)« und »Könige dieser Erde (βασιλεῖς τῆς γῆς)« gegen den »Herrn und seinen Gesalbten.«[66] Hinzu kommt, dass Ps 2 intertextuell mit anderen biblischen Passagen verwoben ist, die gleichfalls für die älteste nachösterliche Christologie von größter Bedeutung sind.[67] Schauen wir uns deshalb auf diesem Hintergrund die Gestaltungsprinzipien der Sanhedrin-Szene näher an.

3. Die Gestaltungsprinzipien der Sanhedrin-Szene (Mk 14,53-72 par.)

Für die Gestaltung der Szene, deren Struktur in ihrer Ursprungsform - trotz redaktioneller Auffüllungen - beim ältesten Evangelisten bewahrt ist,[68] waren von Anfang an vor allem zwei Prinzipien maßgebend. Das *erste* ist der Psalter als Matrix der Figurenzeichnung. Wenn der Hauptteil der Szene mit der Erzählnotiz beginnt: »*Die Hohenpriester und das ganze Synhedrium suchten gegen Jesus Zeugnis, um ihn zu töten - aber sie fanden keines*« (Mk 14,55), dann entspricht das genau dem Muster der Frevler und Gegner des leidenden Gerechten im Psalter: Sie trachten ihm nach dem Leben (vgl. Ps 37,32; 54,3), legen

---

[65] *Sohn* außer in Ps 2,7 noch in Ps 89,27f. (»mein Erstgeborener«), vielleicht Ps 110,3; die Kombination *König* + *Gesalbter* in Ps 18,51; 20,7.10 und 1Sam 2,10d (»seinem *König* [LXX: τοῖς βασιλεῦσιν ἡμῶν] gebe er Kraft und erhöhe die Macht *seines Gesalbten*«), in Ps 21,2 nur »*der König*«. - 2Sam 7 spricht nicht vom »Gesalbten«, sondern vom »Fürsten« (V.8) bzw. von seinem »Königtum« (V.12.13.16) *und* benutzt die Vater-Sohn-Metaphorik (V.14: »Ich werde ihm *Vater* sein und er wird mir *Sohn* sein«).

[66] In Apg 4,25f. zitiert Lukas Ps 2,1f.[LXX] und lässt in V.27 die Anwendung folgen: »Denn in Wahrheit rotteten sich zusammen in dieser Stadt gegen deinen heiligen Knecht Jesus, den du gesalbt hast, *Herodes* und *Pontius Pilatus* mit den Heiden und den Stämmen Israels, um alles auszuführen, was deine Hand und dein Wille vorherbestimmt hatten, dass es geschehe«.

[67] So etwa V.9a mit Ps 110,5 (vgl. PsSal 17,22); Ps 2 und 110 sind auch im Zitaten-Mosaik Hebr 1,5-13 miteinander verzahnt.

[68] Vgl. unten.

falsches Zeugnis gegen ihn ab (Ps 27,12; 35,11) und stehen gegen ihn auf (Mk 14,57.60: Ps 35,11; 54,3), während der Gerechte zu allen Anschuldigungen schweigt (Mk 14,61: Ps 38,13-15; Jes 53,7). Mit Anti-Judaismus hat diese Figurenzeichnung, die sich bis in die Formulierungen hinein an den Psalter anlehnt, nichts zu tun. Juden, die nach Ostern an den Messias Jesus glauben, suchen hier das ihnen durch seine Kreuzigung zugefügte Trauma von ihrer Psalterlektüre her zu bearbeiten. Freilich scheint diese *innerjüdische* Perspektive schon auf der Ebene der markinischen Rezeption der Passionserzählung verlassen zu sein, was im Folgenden noch verdeutlicht werden soll.

Das *zweite* Gestaltungsprinzip betrifft die impliziten Leser; es schlägt sich nieder in der oppositionellen Gestalt der Szene: Petrus *verleugnet* seinen Herrn - dieser *bekennt*. Das Muster kennen wir aus Lk 12,8f.: »Jeder, der sich *bekennt* (ὁμολογήσῃ) zu mir vor den Menschen, zu dem wird sich auch der Menschensohn *bekennen* (ὁμολογήσει) vor den Engeln Gottes. Wer mich aber *verleugnet* (ἀρνησάμενός με) vor den Menschen, der wird *verleugnet werden* vor den Engeln Gottes«. Oder es kann an die »Zusage göttlichen Beistands vor Gericht« erinnert werden, Mk 13,9-11: »Ausliefern werden sie euch *an Synhedrien*[gerichte] (εἰς συνέδρια) und in *Synagogen* werdet ihr geprügelt werden, und *vor Statthalter und Könige* werdet ihr gestellt werden um meinetwillen [...]. Und *wenn* sie euch abführen, [euch] ausliefernd (παραδιδόντες), sorgt euch *nicht* im Voraus, was ihr sagen sollt, sondern was euch in jener Stunde gegeben wird, das sagt. Denn nicht ihr seid es, die reden, sondern der Heilige Geist«. Urbild des vor die Synhedrien Gestellten aber ist Jesus. Im Kontrast zu Petrus *bekennt* er sich, wobei nicht nur sein freimütiges Auftreten, sondern auch der Inhalt seines Bekenntnisses urbildlich ist, insofern es das Credo der markinischen Gemeinde vorabbildet - mit den Brennpunkten »Messianität« und »Gottessohnschaft« Jesu, seiner österlichen *seditio ad dexteram patris* wie seinem endzeitlichen Kommen als »Menschensohn«:

		Verhör und Reaktion des Gremiums	*Bekenntnis*	*Schriftbezug*
1		Wieder fragte ihn der Hohepriester:		
		und spricht zu ihm:		
		Bist du *der Messias* (σὺ εἶ ὁ Χριστός),	8,29 (σὺ εἶ ὁ Χριστός) 1,1 (εὐαγγελίου Ἰησοῦ *Χριστοῦ*	Ps 2,2
		der Sohn des Hochgelobten (ὁ υἱος τοῦ εὐλογητοῦ)?	υἱοῦ θεοῦ)	Ps 2,7
2		Jesus aber sagte:		

		Ich bin es,		
		und ihr werdet den *Menschensohn* zur Rechten der Macht sitzen	Österliche Inthronisation:	Ps 110,1
		und mit den Wolken des Himmels kommen sehen.	Wiederkunft (Gericht):	Dan 7,13[69]
3		Der Hohepriester aber, der seine Gewänder zerriss,		
		spricht:		
		Was bedürfen wir noch Zeugen?		
4		Ihr habt die Gotteslästerung gehört.		Lev 24,16
		Was dünkt euch?		
		Sie alle aber verurteilten ihn,		
		dass er des Todes schuldig sei.		

Auf die Frage, inwiefern das Bekenntnis Jesu (bzw. das der markinischen Gemeinde[70]) aus der Perspektive des Hohenpriesters (wie des Gremiums insgesamt) eine »Blasphemie« darstellt, gibt der Text zunächst indirekt eine negative Antwort, indem er gleich zweimal den Gottesnamen vermeidet – in der Frage des Hohenpriesters und der Antwort Jesu –, womit eine Anklage nach Lev 24,16^{LXX} ausgeschlossen ist.[71] Der entscheidende Punkt dürfte deshalb an

---

[69] MICHAEL REICHARDT, Endgericht durch den Menschensohn? Zur eschatologischen Funktion des Menschensohnes im Markusevangelium (SBB 62), Stuttgart 2009, 324f., diskutiert die Möglichkeiten, wie die beiden Schriftstellen, Ps 110,1^{LXX} und Dan 7,13 hier exegetisch miteinander verbunden sein könnten; gegenüber der mehrfach vertretenen Hypothese, Ps 8 böte das verbindende Glied (a: V.4^{LXX} spricht vom υἱὸς τοῦ ἀνθρώπου; b: die Wendung *ὑποκάτω* τῶν ποδῶν σου V.7 entspricht Ps 110,1 *ὑποπόδιον* τῶν ποδῶν σου und ist auch Mk 12,36 in Ps 110,1 eingefügt), schlägt er das Stichwort ἀρχή als Brücke vor: Ps 110,3 (μετὰ σοῦ *ἡ ἀρχή*) – Dan 7,14 (der Menschensohnähnliche erhält vom Alten der Tage die *ἀρχή* und die βασιλεία). Das Mischzitat Mk 12,36 (Ps 110,1+8,7) steht aber bereits in einer frühchristlichen Tradition: vgl. 1Kor 15,25.27; Eph 1,20.22; Hebr 1,13/2,8.

[70] Vgl. Mk 1,1.

[71] Lev 24,16^{LXX}: »Wer aber den Namen des Herrn *nennt* (ὀνομάζων δὲ τὸ ὄνομα κυρίου) [Hebr.: »Und wer den Namen des Herrn *lästert* (nkb)«], soll durch den Tod hingerichtet werden. Mit Steinen soll *die ganze Versammlung Israels* ihn steinigen. Ob Hinzugekommener oder Eingeborener – wenn er den Namen des Herrn *nennt* (ἐν τῷ ὀνομάσαι αὐτὸν τὸ ὄνομα κυρίου) [Hebr.: »wenn er *den Namen lästert*«], soll er sterben«. – Nach der engen Definition in Sanh 7,5 gilt als Gotteslästerung nur das Aussprechen des JHWH-Namens, was hier schon der LXX-Text voraussetzt; vgl. MARTIN RÖSEL, Exkurs: Übersetzung und

anderer Stelle zu suchen sein. Von »Lästerung« ist im Markusevangelium nur dreimal die Rede, abgesehen von Mk 3,28f. (»Lästerung gegen den Heiligen Geist«) pointiert am *Anfang* des Buches, in Mk 2,7, und in unserer Sanhedrin-Szene, an seinem *Ende*. Die beiden Stellen rahmen das Wirken Jesu: Geht es in Mk 2,7 um »*die Vollmacht*« des Menschensohnes, »Sünden zu erlassen« (2,10), wogegen schon die anwesenden »Schriftgelehrten« protestieren: »*Er lästert* (βλασφημεῖ); wer kann Sünden erlassen, wenn nicht Gott allein (εἷς ὁ θεός)?«,[72] so steht hier am Ende des Buches auch wieder *die Vollmacht* des Menschensohns zur Debatte,[73] jetzt aber nicht die der Sündenvergebung, sondern die der eschatologischen Bewahrung oder Nicht-Bewahrung, Rettung oder Nicht-Rettung,[74] wenn »er mit den Wolken des Himmels kommt« (Dan 7,13) und die Vollgestalt der Basileia heraufführt.[75] Beides Mal geht es also um eine Jesus zugesprochene göttliche Prärogative – die Vollmacht über Heil und Unheil –, die als *differentia specifica* zwischen werdender Kirche und Synagoge namhaft gemacht wird. Es dürfte klar sein, dass diese Darstellung, welche die ursprünglich *innerjüdische* Perspektive der Sanhedrin-Szene überschreitet, auf das Konto ihrer markinischen Rezeption geht, deren Urgestalt in der alten Passionserzählung den Verweis auf die österliche Inthronisation und das Kommen des Menschensohns gewiss noch nicht enthielt.[76] Bestätigt wird die-

---

Gebrauch des Gottesnamens, in: Septuaginta Deutsch. Erläuterungen und Kommentare zum griechischen Alten Testament, Bd. I: Genesis bis Makkabäer, Stuttgart 2011, 413f.

[72] LÜHRMANN, Mk (s. Anm. 44), 50: »In 3,22 und 7,1 sind die Schriftgelehrten als aus Jerusalem nach Galiläa gekommen vorgestellt, wie sie dann später in Jerusalem Jesus entgegentreten; prinzipiell gehören sie also dorthin, die Pharisäer hingegen nach Galiläa«.

[73] REICHARDT, Endgericht (s. Anm. 69), 328f., betont, dass Markus »den Besitz von ἐξουσία (Vollmacht) allein dem irdischen, nie jedoch dem kommenden Menschensohn zu(schreibt)«. Das trifft zwar zu, wenn man nur den Terminus ἐξουσία berücksichtigt, aber dass der Menschensohn mit δύναμις und δόξα kommen wird, hebt doch auch auf seine »Vollmacht« ab: Mk 8,38; 13,26; 14,62.

[74] Diese Opposition ist in Mk 8,38 und 13,27 impliziert; σώζειν in Mk 8,35.

[75] REICHARDT, Endgericht (s. Anm. 69), 325: »Zweck des Kommens des Menschensohnes mit den Wolken des Himmels« sei die »Überbringung« der »ἀρχή (Herrschaft, Macht), konkret also des Reiches Gottes (βασιλεία τοῦ θεοῦ)« (vgl. oben Anm. 69). Ist der Bezug zur Basileia auf dem Hintergrund von Mk 8,38/9,1 und 13,27 plausibel, so ist damit die Frage nach der eschatologischen Rolle des Menschensohns bei ihrem endgültigen Kommen aber noch nicht erledigt. Auch wenn dieser– im Unterschied zu Matthäus – hier nicht die Rolle des Richters einnimmt, so hängt an ihm, der die Erwählten durch die Engel (vgl. auch Mk 8,38) in der Basileia »zusammenführen« wird (Mk 13,27), doch die *Entscheidung über Heil oder Unheil*. Darauf bezieht sich bei Markus dann auch der anschließende Blasphemie-Vorwurf: MICHAEL THEOBALD, Gottessohn und Menschensohn. Zur polaren Struktur der Christologie im Markusevangelium, in: SNTU A 13 (1988), 37–78, 49.

[76] LÜHRMANN, Mk (s. Anm. 44), 250: »61b.62 erweist sich als eine Zusammenfassung der Christologie des ganzen Evangeliums und geht daher in dieser Formulierung auf Mk zurück, der die drei Titel [Messias – Sohn Gottes – Menschensohn] auch in 8,29.31.38;

se Annahme durch Joh 10,22–39, die letzte große Auseinandersetzung Jesu mit den jüdischen Autoritäten im vierten Evangelium, in der deutliche Spuren der in Joh 18 unterdrückten vorjohanneischen Fassung der Sanhedrin-Szene aufbewahrt sind, die mit Lk 22,66–71, der vom dritten Evangelisten rezipierten Fassung, verwandt ist.[77] Ein neben Mk 14,61–64 eigenständiger Strang alter Passionsüberlieferung wird hier greifbar. Die folgende Synopse mag die Zusammenhänge veranschaulichen:

Lk 22	*Joh 10*
67b Bist du der Messias (εἰ σὺ ὁ Χριστός)?	24d Bist du der Messias (εἰ συ εἶ ὁ Χριστός)?
c Sage es uns (εἶπὸν ἡμῖν)!	e Sage es uns offen !
d Er aber sagte ihnen:	25a Jesus antwortete ihnen:
e Wenn ich es euch sage (ἐὰν ὑμῖν εἴπω),	b Ich habe es euch gesagt (εἶπον ὑμῖν),
glaubt ihr mir nicht (οὐ μὴ πιστεύσητε).	und ihr glaubt nicht (καὶ οὐ πιστεύετε).
70a Da sagten alle:	
b Du bist also der Sohn Gottes (ὁ υἱὸς τοῦ θεοῦ)?	
c Er aber sagte zu ihnen:	
d Ihr sagt es,	36e Ich habe gesagt,
e dass ich es bin.	f dass ich der Sohn Gottes (υἱὸς τοῦ θεοῦ) bin.
————————	36c (wie) sagt ihr:
	d Du lästerst (βλασφημεῖς)?

In beiden Fassungen sind Messias- und Sohn Gottes-Frage durch einen kleinen (an Jer 38,15 erinnernden) Wortwechsel voneinander getrennt[78] und bilden jetzt ein zweistufiges Verhör. Dadurch gewinnt das Sohn-Gottes-Bekenntnis Jesu einen besonderen Rang, was gewiss gewollt ist. Wahrscheinlich liegt eine sekundäre Weiterbildung der ursprünglich *einen* Doppelfrage vor, wie Markus sie noch bietet. Wie beim ältesten Evangelisten folgt wohl auch in der vorlkn.-vorjoh. Fassung die Blasphemie-Anklage, die der vierte

9,7 als eng zusammengehörend und sich gegenseitig interpretierend zusammengestellt hatte«.

[77] SCHLERITT, Passionsbericht (s. Anm. 23), 369–374; zur vorjohanneischen und vorlukanischen Passionserzählung a.a.O., 109–114.

[78] Jer 38 (45),15: »Und Jeremia sagte zum König: Wenn ich dir berichte, wirst du mich nicht mit Sicherheit töten? Und wenn ich dich berate, wirst du nicht auf mich hören« (Übersetzung: Septuaginta Deutsch).

Evangelist im Licht seiner hohen Christologie neu füllt,[79] wohingegen der dritte Evangelist sie übergeht. Wegen der Parallele Mk 14,64 und Joh 10,33/36 dürfte sie zum ältesten Bestand der Szene gehören. Das stellt uns dann vor zwei Fragen:

Die *erste* bezieht sich auf das Verständnis der beiden Titel in der Frage des Hohenpriesters. Versehen mit einem bestimmten Artikel – »*der* Messias«/ »*der* Sohn (Gottes)« –, scheint hier ein vorgängiges Einverständnis bezüglich der Bedeutung der Titel vorausgesetzt zu sein. Was beinhaltet diese bekannte Größe, mit der sich zu identifizieren Jesus verdächtigt wird? Die Antwort kann m.E. nur im vorausgesetzten Konzept des davidisch-königlichen Messias gesucht werden, konkret im Psalter mit seinem Eröffnungstext Psalm 2, der vom »Gesalbten« und vom »Sohn« in derselben gleichsinnigen Weise spricht wie auch die Doppelfrage des Hohenpriesters.[80]

Dann meldet sich aber gleich die *zweite* Frage: Wie kann die Bejahung der hohenpriesterlichen Frage durch Jesus eine »Blasphemie«, sprich: Gotteslästerung sein, wenn es dabei doch »nur« um die konkrete Anwendung dessen auf ihn geht, was schon der Psalter vom »Messias« sagt? Der ganz von der Septuaginta her denkende Schrift-Theologe Lukas hat dieses Problem erkannt und den Vorwurf der »Blasphemie« in seiner Fassung des Sanhedrin-Verhörs deswegen unterdrückt. Man kann auch darauf verweisen, dass das Judentum »niemals den Anspruch eines Messiasprätendenten als Lästerung betrachtet und auch gegen Bar Kochba, der als Sternensohn auftrat und die Freiheit Israels vergeblich zu erstreiten suchte (132–135 n.Chr.), nicht diesen Vorwurf erhoben (hat), obwohl das Scheitern seines Vorhabens erwiesen hatte, dass er nicht der Messias gewesen sein konnte.«[81]

Eine Antwort auf die gestellte Frage ist also nicht leicht, scheint aber unter Berücksichtigung der oben eruierten Gestaltungsprinzipien der Sanhedrin-Szene möglich zu sein. Jesus ist der sich exemplarisch Bekennende, so wurde deutlich, und sein Bekenntnis schon in der mutmaßlichen Urgestalt der Szene

---

[79] Vgl. Joh 10,30: »Ich und der Vater sind eins«; V.33: »Die Juden antworteten ihm und sprachen: Um eines guten Werkes willen steinigen wir dich nicht, sondern um der *Gotteslästerung* willen (περὶ βλασφημίας), denn du bist ein Mensch und machst dich selbst zu Gott«.

[80] LOHSE, Geschichte (s. Anm. 26), 85, kommentiert: »Eigentümlich [...] muss erscheinen, dass in dieser Frage die beiden Hoheitstitel Christus/Messias und Sohn Gottes gleichbedeutend nebeneinander stehen. Denn das antike Judentum hat niemals eine solche Nebeneinanderordnung vorgenommen, sondern den Titel Sohn Gottes sorgfältig vermieden«; JOACHIM GNILKA, Das Evangelium nach Markus (Mk 8,27–16,20) (EKK II/2), Zürich/Neukirchen-Vluyn 1979, 281: »Für die Bezeichnung des Messias als Gottessohn im zeitgenössischen Judentum konnte bis heute immer noch kein eindeutiger Nachweis geführt werden. Jedoch wird man sagen können, dass diese besonders durch die Anwendung der Natan-Weissagung von 2Sam 7,14 auf den Davidsspross, wie sie in 4Qflor 1,11 bezeugt ist, vorbereitet war«. Umso mehr ist man an Ps 2 als den Schlüssel der Szene verwiesen.

[81] LOHSE, Geschichte (s. Anm. 26), 87.

dem nachösterlichen Bekenntnis der Christen gleich: Jesus ist nicht der politische Aufrührer, sondern »Messias und Gottessohn«, ja »der König der Juden« – in dem Sinne, wie es der Psalter sieht.

Damit verschmelzen die Zeiten: Das Bekenntnis Jesu vor dem Hohen Rat bildet vorweg das Bekenntnis der nach Ostern an ihn glaubenden Juden ab, wie deren Bekenntnis umgekehrt im Bekenntnis Jesu vor dem Hohen Rat verankert wird. Schon Eduard Lohse meinte vor Jahren, dass »die dem Hohenpriester in den Mund gelegte Frage den entscheidenden Punkt der Auseinandersetzung zwischen der christlichen Gemeinde und Synagoge« bezeichne, der »das christliche Bekenntnis zu Jesus als dem Sohn Gottes als eine Lästerung erscheinen (musste), die sie unmöglich anerkennen konnte.«[82] »Der gegen Jesus geltend gemachte Vorwurf der Lästerung« wird – so erklärt er – »vollauf von der Situation her verständlich, in der sich die christliche Gemeinde gegenüber der Synagoge befand. Denn zwischen Juden und Christen bildete in der Tat das Bekenntnis zur Messianität und Gottessohnschaft Jesu die Ursache und den Gegenstand harter Auseinandersetzungen.«[83] Dabei lässt sich der Vorwurf noch präzisieren. Denn wogegen richtete er sich *ursprünglich*? Wohl dagegen, dass ein ehrlos am Holz des Kreuzes ums Leben Gekommener, von dem die Tora in Dtn 21,22f. erklärt, er sei ein »Fluch (oder: Verfluchter) Gottes«, dass gerade dieser als »Messias« und »Gottessohn« proklamiert wird.[84] So lässt sich in einem vorläufigen Resümee festhalten: Der Vorwurf der »Gotteslästerung«, der sich gegen das nachösterliche Bekenntnis richtet, ist in die Sanhedrin-Szene vordatiert bzw. in sie hinein projiziert wor-

---

[82] A.a.O., 86. Er hält es »für ausgeschlossen, dass der amtierende Hohepriester von Jerusalem in der Öffentlichkeit einen Messiasprätendenten gefragt haben sollte, ob er der Messias und Sohn Gottes sei. Die Verbindung der beiden Titel, die gleichbedeutend hintereinander stehen, muss daher als Aussage der christlichen Gemeinde verstanden werden, für die Jesus nicht nur der Gesalbte, sondern auch der Sohn Gottes ist«; ebenso BULTMANN, Geschichte (s. Anm. 5), 291: »Für die spätere christliche Tradition, aus der der Bericht auf alle Fälle stammt, konnte auch Jesu Messiasanspruch, der Hauptstreitpunkt zwischen der Gemeinde und dem Judentum als Grund seiner Verurteilung erscheinen.«

[83] LOHSE, Geschichte (s. Anm. 26), 87. Korrekturbedürftig an dieser Sicht ist nur, dass die Opposition: christliche Gemeinde – Synagoge für die Entstehungszeit der Passionserzählung anachronistisch ist.

[84] THEOBALD, Passion (s. Anm. 24), 250–253 (»Der axiomatische Einsatzpunkt der Passions- und Ostererzählung«); zurückhaltend bleibt KELLI S. O'BRIEN, The Curse of Law (Galatians 3.13): Crucifixion, Persecution, and Deuteronomy 21.22–23, in: JSNT 29 (2006), 55–76 (dort, 64–67, auch eine Übersicht über jüdische Deutungen von Dtn 21,22f.); 73: »Rather than assuming that widespread Jewish rejection of Jesus as messiah was based on a curse from Deut. 21.22–23, it appears much more likely that the original objection was the fact of his crucifixion, plain and simple. While some would argue that the expectation of a dying messiah was not unknown by the time of Jesus, it was hardly a widespread or dominant idea. For the messiah not only to die but to die in a shameful manner would have appeared absurd to many. Indeed, this is the tone of 1 Cor. 1.23«.

den. Damit zusammenhängend wird das Skandalon, den Gekreuzigten als »den Messias und Gottessohn« zu bekennen, in der Sanhedrin-Szene auch ins Bild gesetzt: in das Bild eines wehrlosen Jesus, eines Jesus ohne jeglichen königlichen Glanz, der sich aber gerade in dieser Situation dazu bekennt, »der Messias und Gottessohn« zu sein. Somit gilt: »Seine Hoheit und Würde kann nur recht verstanden werden, wenn sie in unlöslicher Verbindung mit seiner Erniedrigung, seinem Leiden und Sterben am Kreuz gesehen wird.«[85]

4. Resümee und Ausblick

Das wichtigste Ergebnis unserer Erkundungen lautet: Der Psalter stellt die Matrix der alten Passionserzählung dar, was die Forschung insbesondere für Psalm 22 als Grundlage der Kreuzigungsszene nachhaltig erwiesen hat. Aber genauso wichtig wie die Psalmen vom leidenden Gerechten sind, um die spezifische Verwendung der titularen Trias *Messias - Sohn Gottes - König (der Juden)* in der alten Passionserzählung zu verstehen, die Königspsalmen, allen voran Ps 2 als Eröffnungstext des Psalters. Gegen den ursprünglich dem *titulus crucis* von den Römern beigelegten politisch-messianischen Sinn wird er in der Passionserzählung unter dem Vorzeichen des österlichen Bekenntnisses und im Licht des Psalters einer gründlichen Neuinterpretation unterzogen. Die Differenzierung, die die Johannespassion »ihrem« Jesus später zuschreiben sollte, wenn sie ihn gegenüber Pilatus erklären lässt: »Du sagst es, ich bin ein König« (Joh 18,37), aber »mein Königtum ist nicht von dieser Welt [...]« (Joh 18,36), ist schon in der alten Passionserzählung angelegt: die Neufassung des βασιλεύς-Titels (gegen seine politische Deutung) im Sinne eines über Heil und Unheil entscheidenden himmlischen Regiments des von Gott in seiner Auferweckung rehabilitierten gekreuzigten Nazareners.

Und ein Zweites ist wichtig: Sollte die Benutzung des Psalters in der Passionserzählung lediglich als *nachträgliche* Schriftverankerung des vorgängigen Passionsgeschehens bzw. als *Schriftbeweis* gesehen werden, wäre der hier beobachtete Rückbezug auf die Schrift verharmlost. Es kann zwar sein, dass eine Reihe von Erzählzügen der Passion nachträglich in das Licht der Schrift gerückt wurden, aber in vielen Fällen wird damit deren kreative, schöpferische Rolle nicht erfasst.[86]

Wenn z.B. die Passionserzählung dem sterbenden Jesus die *Invocatio* von Psalm 22 in den Mund legt, weil ein *verbum ultimum* - ein letztes Wort -

---

[85] LOHSE, Geschichte (s. Anm. 26), 88, zur *markinischen* Konzeption des Messiasgeheimnisses; Jesus spricht in der Sanhedrin-Szene »zum ersten und einzigen Mal offen aus, wer er ist«, und offenbart so »das Geheimnis seiner Messianität«.

[86] Vgl. oben Anm. 22; außerdem JUEL, Exegesis (s. Anm. 17), 98: »It is difficult to imagine a stage in the tradition that was not influenced by the psalms. Jesus' death was never a matter for disinterested narration«.

schon von der Gattung der Erzählung her unbedingt geboten war, sollte fortan nicht weiter darüber gestritten werden, ob nun Jesus am Kreuz den Psalm tatsächlich gebetet hat oder nicht. Wir können es einfach nicht wissen. Viel eher ist zu bedenken, dass erst der Psalter es erlaubte, die dunkle, letztlich allen Beteiligten entzogene Szene - auch die Frauen vermochten sie ja nur »von ferne« zu beobachten[87] - überhaupt ins Wort zu bringen. Können wir nicht wissen, was Jesus unmittelbar vor seinem Tod dachte, auch nicht, wie er ihn bestand, der Psalter bot denjenigen, die ihn lasen, die Möglichkeit, im »Ich« von Psalm 2 das »Ich« Jesu wiederzuentdecken. Es ist eine Deutung seines Todes im Grundvertrauen auf die Schrift, die ohne sie nicht möglich wäre und ohne sie bei den traumatisierten Anhängern und Anhängerinnen des Gekreuzigten nur Sprachlosigkeit hinterlassen hätte.

Ähnliches gilt von der Sanhedrin-Szene, die es verbietet, irgendetwas historisch Gesichertes darüber zu sagen, was in jener Nacht tatsächlich geschehen ist. Denkmöglichkeiten, ja Wahrscheinlichkeiten gibt es. So fand, wie eingangs angedeutet, wohl nur ein Vorverhör Jesu durch einige Sanhedristen statt. Doch für die an Jesus Glaubenden fingen jene dunklen Stunden erst im Licht des Psalters zu sprechen an. Die Kreativität, mit der sie die Szene erschufen, mag für unser historisches Denken anstößig sein, sagt aber viel darüber aus, wie *sie* das Trauma der Kreuzigung ihres Meisters zu verarbeiten suchten.

Freilich wird sich die Erforschung des Prozesses Jesu damit nicht ruhig stellen lassen, die Suche nach einem möglichen historischen Verstehen dessen, was sich nach der Gefangennahme Jesu im Haus des Hohenpriesters in jener Nacht zutrug, wird weitergehen. Auch weiterhin wird die Frage gestellt werden müssen, ob nicht Jesus schon wegen seiner prophetischen Symbolhandlung im Tempel als öffentlicher Unruhestifter, ja mehr: als falscher Prophet unter die Räder kommen musste.[88] Hatte er nicht, wie es in Dtn 17,12f.; 18,20 und weiteren Tora-Texten heißt - »in Vermessenheit« gehandelt und gesprochen und war deshalb des Todes schuldig? So gewiss also der historische Diskurs der Leben Jesu Forschung auch an dieser entscheidenden Stelle nicht einfach abgebrochen werden kann, so notwendig ist es andererseits auch, mit Nachdruck darauf hinzuweisen, dass selbst die älteste erreichbare

---

[87] Auch hier schimmert der Psalter, Ps 37,12^{LXX}, durch: »Meine Freunde und meine Nächsten sind mir gegenüber hingetreten und haben sich hingestellt, und meine engsten (Angehörigen) haben sich *in der Ferne* (ἀπὸ μακρόθεν) hingestellt«. Näheres dazu bei THEOBALD, Frage (s. Anm. 22), 234.

[88] Ob die prophetische Demonstration im Tempel Gegenstand des nächtlichen Vorverhörs war, können wir nicht wissen. Es lassen sich darüber nur Vermutungen anstellen. LOHSE, Geschichte (s. Anm. 26), 84f.: »Da der Tempelspruch an so verschiedenen Stellen überliefert worden ist, wird er kaum den eigentlichen Gegenstand des Prozesses dargestellt haben«. Aber ist das ein Argument? Anders votieren GEORGE D. KILPATRICK, The Trial of Jesus, London/New York 1953, 10–13; vgl. auch JOEL B. GREEN, The Death of Jesus. Tradition and Interpretation in the Passion Narrative (WUNT 2/33), Tübingen 1988, 275–282.

Gestalt der Passionserzählung kein »Bericht«, sondern von Anfang an ein Glaubenstext war, eine Erzählung zum Gedächtnis an den Gekreuzigten, durch welche diejenigen, die sie erzählten, sich von Anfang an selbst in die Pflicht genommen sahen: sich freimütig zu bekennen wie er – zu ihm und seiner Botschaft von der »Königsherrschaft« Gottes.

»Eingefrorene Streitgespräche« – Schrifthermeneutik als Kristallisationspunkt frühchristlicher Trennungsprozesse

Enno Edzard Popkes

Für die Leitfragen des vorliegenden Sammelbandes ist eine Beschäftigung mit dem frühen Christentum von besonderer Bedeutung. Die im biblischen Kanon versammelten Schriften sind über viele Jahrhunderte hinweg entstanden, sie entstammen unterschiedlichen kulturellen Umgebungen und wurden von Menschen verschiedenster Herkunft geschrieben, bearbeitet und überliefert. Entsprechend bringt bereits die Beschäftigung mit der Endgestalt des christlichen Kanons des Alten und Neuen Testaments eine Vielzahl religionshistorischer und theologischer Probleme und Herausforderungen mit sich (vgl. die entsprechenden Ausführungen in der thematischen Einleitung). Wenn man sich jedoch mit der Epoche des frühen Christentums bzw. der sogenannten altkirchlichen und patristischen Zeit beschäftigt[1], sieht man sich mit zusätzlichen Schwierigkeiten konfrontiert. Bereits in den Anfängen des frühen Christentums lässt sich ein facettenreiches Spektrum verschiedener theologischer Strömungen und Schulbildungen beobachten, die zuweilen in sehr unterschiedlicher Weise auf die heiligen Schriften des Judentums rekurrieren konnten. Dabei gilt es zu beachten, dass während dieser Identitätsbildungsprozesse der uns heute vertraute Kanon christlicher Schriften erst im Entstehen begriffen ist. An diesem Phänomen lässt sich ein Sachverhalt erläutern, der auch für heutige Rezeptionen und Interpretationen neutestamentlicher Schriften von Relevanz ist und der im Folgenden mittels einer Metaphorik umschrieben werden soll. An dem Verhältnis der kanonischen und außerkanonischen Schriften des frühen Christentums lässt sich erkennen, inwiefern neutestamentliche Texte zuweilen »*eingefrorene Streitgespräche*« wiederspiegeln können. Die Aufgabe eines Exegeten besteht u. a. darin, diese in und hinter den biblischen Texten erkennbaren theologischen Diskussionen und Identitätsfindungsprozesse – metaphorisch gesprochen – von ihrem Eis zu befreien und lebendig werden zu lassen. Jene »einge-

---

[1] Zur Skizze unterschiedlicher chronologischer Abgrenzung dieser Epochen vgl. Dieter Sänger, Das Urchristentum: Neuere Arbeiten und forschungsgeschichtliche Perspektiven, I. Teil- und Gesamtdarstellungen, in: ThR 79 (2014), 328–386.

frorene Streitgespräche«, die sich speziell in den neutestamentlichen Texten beobachten lassen, können zuweilen besser verstanden werden, wenn jene frühchristlichen Texte in die Diskussion einbezogen werden, die nicht in den neutestamentlichen Kanon aufgenommen worden sind. Dabei lässt sich nicht selten erkennen, dass Rezeptionen bzw. Interpretationen der bereits kanonisierten Schriften der jüdischen Bibel in diesen Diskursen keineswegs nur Fundamente einer Verständigung sein konnten. Sie können ebenso die Kristallisationspunkte der jeweiligen Kontroversen verkörpern. Diese Aspekte sollen im Folgenden an zwei Diskursfeldern erläutert werden, die jeweils massive theologische Spannungen bzw. Trennungsprozesses innerhalb der frühchristlichen Theologiegeschichte dokumentieren, nämlich einerseits die Diskurse um sogenannte judenchristliche Bewegungen (1.), andererseits die Diskurse um gnostische Schulbildungen (2.).[2]

1. Schrifthermeneutik in Kontroversen judenchristlicher und heidenchristlicher Traditionsbildungen

Die Erforschung des sogenannten »Judenchristentums«[3] zog in den letzten Jahren eine hohe Aufmerksamkeit auf sich, und zwar insbesondere in der angloamerikanischen und skandinavischen Forschungslandschaft[4]. Eine der wesentlichen Erkenntnisse der jüngeren Forschungen besteht darin, dass judenchristliche Bewegungen keineswegs nur ein Phänomen der frühesten Anfänge des Christentums waren, sondern dass es sich hierbei um selbstbewusste und theologisch hoch reflektierte Traditions- und Schulbildungen handelte, deren Geschichte sich bis ins fünfte Jahrhundert hinein nachvollziehen lässt. Dabei

----

[2] Zu diesen Trennungsprozesse vgl. GERD THEISSEN, Die Religion der ersten Christen: Eine Theorie des Urchristentums, Gütersloh [3]2003, 286ff. bzw. 314ff.

[3] Die Verwendung des Begriffs »Judenchristentum« orientiert sich im Folgenden an dem Definitionsvorschlag von JAMES CARLETON PAGET, The Definition of the Term Jewish Christian and Jewish Christianity in the History of Research, in: OSKAR SKARSAUNE/REIDAR HVALVIK (Hrsg.), Jewish Believers in Jesus: The Early Centuries, Peabody 2007, 22–52, 49 Anm. 119: »A Jewish Christian is a Jewish Believer in Jesus who maintains a Jewish lifestyle.«

[4] Stellvertretend für viele monographische Abhandlungen sei verwiesen auf den instruktiven Sammelband von OSKAR SKARSAUNE/REIDAR HVALVIK (Hrsg.), Jewish Believers in Jesus: The Early Centuries, Peabody 2007, welcher nicht nur eine gute Einführung in die Geschichte judenchristlicher Bewegungen bietet, sondern auch eine solide Aufarbeitung der Geschichte der wissenschaftlichen Beschäftigung mit diesen Facetten des frühen Christentums. Vgl. ferner EDWIN K. BROADHEAD, Jewish Ways of following Jesus. Redrawing the Religious Map of Antiquity (WUNT 266), Tübingen 2010, passim; JAMES CARLETON PAGET, Jews, Christians and Jewish Christians in Antiquity (WUNT 251), Tübingen 2010, passim.

lassen sich in judenchristlichen Zeugnissen oftmals Abgrenzungen zu jenen Schulbildungen des frühen Christentums erkennen, die sich im Sinne der paulinischen Theologie von einer jüdischen Gesetzesobservanz distanziert haben[5]. In Bezug auf die Leitfragen des vorliegenden Sammelbands ist von Relevanz, wie in diesen Auseinandersetzungen auch die Frage der Autorität bestimmter Schriften bzw. Schriftsammlungen thematisiert wird.

Die Anfänge entsprechender Diskurse lassen sich bereits in den frühesten Traditionsstufen der schriftlichen Zeugnisse des frühen Christentums beobachten, insbesondere in jenen Briefen, in denen die Berechtigung der paulinischen Rechtfertigungstheologie zur Debatte stehen, also v.a. im Galaterbrief und Römerbrief. In beiden Zeugnissen zeigt sich, wie Paulus darum bemüht ist, sein Verständnis der soteriologischen Bedeutung des Glaubens und der entsprechenden Neudeutung der soteriologischen Relevanz des jüdischen Gesetzes auf dem Fundament der heiligen Schriften des zeitgenössischen Judentums zu entfalten. Nachdem Paulus seinen Adressaten in den galatischen Gemeinden seine Sicht auf den Verlauf und die Ergebnisse des sogenannten Apostelkonzils (Gal 2,1-10) und des antiochenischen Zwischenfalls dargelegt hat (Gal 2,11ff.), versucht er zu erläutern, warum die von seinen Kontrahenten vertretenen theologischen Einschätzungen unangemessen sind. Dabei wird den Interpretationen bzw. Rezeptionen der jüdischen Bibel während der gesamten Argumentation eine zentrale Bedeutung zugestanden (vgl. v.a. die expliziten Schriftzitate in Gal 3,6 [Gen 15,6]; Gal 3,8 [Gen 12,3]; Gal 3,10.13 [jeweils Gen 27,26]; Gal 3,11 [Hab 2,4]; Gal 3,12 [Lev 18,5]; Gal 3,16 [Gen 13,5; 17,8; 24,7] und die allegorische Deutung der Frauen Abrahams in Gal 4,21-31)[6]. In Bezug auf etwaige Entwicklungen des paulinischen Denkens gilt es zu beachten, dass zwar viele der in diesem Zusammenhang verwendeten Schriftzitate auch in den entsprechenden Argumentationen des jüngeren Römerbriefs begegnen, dort jedoch zuweilen divergierende Auslegungen erfahren (vgl. v.a. die neue Gestalt der Interpretation der Aussage Gen 15,6 in Röm 4*, die bereits für Gal 3,1-18 von konstitutiver Bedeutung war)[7]. Diese Akzentverschiebungen bzw. Argumentationsfortschritte veranschaulichen einerseits, in welcher Weise Paulus darum bemüht war, die von ihm propagierte Soteriologie schrifthermeneutisch zu legitimieren. Sie können jedoch andererseits auch als Indiz verstanden werden, dass auch seine Gegner ihre Überzeugungen auf dem Fundament der jüdischen Bibel erläuterten. Diesbezüglich gilt es sich zu vergegenwärtigen, dass sich in

---

[5] Vgl. BROADHEAD, Jewish Ways (s. Anm. 4), 120ff.

[6] Zu dieser Argumentationsentwicklung vgl. HANS-JOACHIM ECKSTEIN, Verheißung und Gesetz. Eine exegetische Untersuchung zu Galater 2,15-4,7 (WUNT 86), Tübingen 1996, passim; RICHARD B. HAYS, The Conversion of the Imagination: Paul as Interpreter of Israel's Scripture, Grand Rapids 2005, passim; DIETRICH-ALEX KOCH, Die Schrift als Zeuge des Evangeliums (BHTh 69), Tübingen 1986, passim.

[7] Vgl. hierzu BENJAMIN SCHLIESSER, Abraham's Faith in Romans 4. Paul's Concept of Faith in Light of the History of Reception of Genesis 15:6 (WUNT II/224), Tübingen 2007, 221ff.

frühjüdischen Traditionen eine Vielzahl von Interpretationen von Gen 15,6 beobachten lässt, die sich mehrheitlich von den paulinischen Deutungen unterscheiden[8]. Vor allem jedoch ist es bemerkenswert, welche konträre Interpretation Gen 15,6 in einem weiteren prominenten Zeugnis des frühen Christentums erfahren konnte, nämlich im Jakobusbrief. Es ist hinlänglich bekannt, dass die Interpretationen, die Gen 15,6 in Jak 2,14-26 und in Röm 4,1-25 erfahren, markante Akzentunterschiede erkennen lassen, insbesondere in Bezug auf die Verhältnisbestimmungen der Begriffe »Glaube« und »Werke« und ihrer jeweiligen soteriologischen Relevanz. Auch wenn nicht eindeutig bestimmt werden kann, ob und wenn ja in welchem konkreten Abhängigkeitsverhältnis diese Texte zueinander stehen[9], so kann konstatiert werden, dass es sich hierbei um Reflektionen christlicher Identitäten handelt, die in signifikant unterschiedlicher Weise auf einen gemeinsamen Bezugspunkt innerhalb der jüdischen Bibel rekurrieren. Unabhängig von der Frage, ob die Auslegungen von Gen 15,6 in Jak 2,14-26 und Röm 4,1-25 in einem historisch-genetischen Verhältnis zueinander, geschweige denn in einem Konkurrenzverhältnis stehen, kann festgehalten werden, dass ein Rekurs auf die jüdische Bibel in diesem Zusammenhang keine Vermittlung der unterschiedlichen theologischen Schulbildungen ermöglicht, sondern die Differenz der jeweils zugrundeliegenden soteriologischen Konzepte eindrücklich zu Tage treten lässt.

Gleiches gilt prinzipiell für die Bewertungen, welche das jüdische Gesetz innerhalb der paulinischen und der matthäischen Theologie erfährt. So formuliert Paulus z.B. im Rahmen seiner Reflektionen der heilsgeschichtlichen Stellung Israel seine Überzeugung, dass für alle Glaubenden Christus das Ende bzw. die Vollendung des jüdischen Gesetzes verkörpert (Röm 10,4). Die These τέλος γὰρ νόμου Χριστὸς εἰς δικαιοσύνην παντὶ τῷ πιστεύοντι wird im weiteren Kontext von Röm 10,4-13 durch eine Fülle von Schriftrekursen und Zitatkombinationen begründet und entfaltet[10]. Dieser Aspekt dokumentiert eindrücklich, dass Paulus als ein pharisäisch ausgebildeter Schriftgelehrter seine Einschätzung zum jüdischen Gesetz in einem langwierigen theologischen Reflexionsprozess entwickelte, der nicht unabhängig von den christologischen Prämissen verstanden werden kann, die Paulus in Folge seines Bekehrungs- bzw. Berufungserlebnisses entwickelte. Röm 10,4 unterscheidet sich freilich signifikant von entsprechenden Aussagen, die im Matthäusevangelium oder - vorsichtiger formuliert - im matthäischen Sondergut überliefert werden. Hierbei ist einerseits an die in Mt

---

[8] Vgl. die ausführliche Darstellung durch a.a.O., 152-220; BEATE EGO, Abraham als Urbild der Toratreue Israels, in: FRIEDRICH AVEMARIE/HERMANN LICHTENBERGER (Hrsg.), Bund und Tora. Zur theologischen Begriffsgeschichte in alttestamentlicher, frühjüdischer und urchristlicher Tradition (WUNT 92), Tübingen 1996, 25-40.

[9] Zur Diskussion möglicher Verhältnisbestimmungen vgl. FRIEDRICH AVEMARIE, Die Werke des Gesetzes im Spiegel des Jakobusbriefs. A Very Old Perspective on Paul, in: ZThK 98 (2001) 282-309: 282-284.

[10] Zur Struktur und Funktion der Schriftzitate in Röm 10* vgl. FLORIAN WILK, Die Bedeutung des Jesajabuches für Paulus (FRLANT 179), Göttingen 1998, 60f. bzw. 389ff.

5,17–20 tradierten Logien zu denken, in denen die bleibende Gültigkeit des jüdischen Gesetzes konstatiert wird, andererseits an die im Introitus der Pharisäer-Rede Mt 23* vorliegende Forderung, pharisäische bzw. schriftgelehrte Instruktionen zu befolgen (vgl. v.a. Mt 23,1–3). Dabei gilt es zu beachten, dass in beiden Zusammenhängen direkt bzw. indirekt die Autorität der jüdischen Traditionen und Schriften hervorgehoben wird. Zum einen kann die in Mt 5,17 vorliegende These μὴ νομίσητε ὅτι ἦλθον καταλῦσαι τὸν νόμον ἢ τοὺς προφήτας als eine Anspielung auf die zu diesem Zeitpunkt kanonisierten Traditionen der Tora und des Prophetenkanons verstanden werden.[11] Zum anderen spielt das Motiv des in Mt 23,1 erwähnten »Lehrstuhls des Mose« auf das Amt einer Auslegung der heiligen Schriften des antiken Judentums an.[12] Doch wie stark man bei diesen Traditionen den Kontrast zu entsprechenden paulinischen Konzeptionen auch werten möchte, so ist ihnen eines gemeinsam: eine explizite bzw. direkte Auseinandersetzung mit Paulus wird in diesen Texten nicht formuliert. Präziser können diese Konflikte und die mit ihnen einhergehenden schrifthermeneutischen Diskussionen hingegen erfasst werden, wenn außerkanonische Zeugnisse in die Diskussion einbezogen werden. Dabei erweist sich eine Schriftengruppe für die vorliegende Fragestellung als ebenso ertragreich wie problematisch, nämlich diejenigen Schriften, die unter dem Namen der Pseudoclementinen subsummiert werden.

Die literatur- und theologiegeschichtliche Verortung der pseudoclementinischen Schriften gehört ohne Zweifel zu einem der schwierigsten Arbeitsfelder neutestamentlicher und patristischer Forschungen. Das Grundproblem einer Auseinandersetzung mit den sogenannten Pseudoclementinen besteht darin, dass es sich bei ihnen um verhältnismäßig junge Texte handelt, die zuweilen sehr alte Traditionen überliefern. Auf einer sicheren Diskussionsbasis befindet man sich strenggenommen nur bei ihren wohl erst im vierten Jahrhundert manifestierten Gestalten, die in den romanhaft verfassten Homilien und Recognitionen vorliegen. Strittig ist jedoch, welche früheren Textstadien sich aus diesen Werken herausarbeiten lassen.[13] Im Folgenden sollen

---

[11] Vgl. ROLAND DEINES, Die Gerechtigkeit der Tora im Reich des Messias. Mt 5,13–20 als Schlüsseltext der matthäischen Theologie (WUNT 177), Tübingen 2004, 261f.

[12] Zu diesem Motiv vgl. ULRICH LUZ, Das Evangelium nach Matthäus (EKK I,13), Zürich u.a. 1997, 299f.

[13] Die zuweilen sehr hypothetischen Diskussionen um die Existenz literarischer Frühformen wie den Kerygmata Petrou oder einer Grundschrift sind für die vorliegende Fragestellung nicht von primärer Relevanz. Generell zur Forschungsgeschichte und gegenwärtigen Diskursen vgl. JAMES CARLETON PAGET, Jews (s. Anm. 4), 427ff. Zu den kontroversen Konzepten unterschiedlicher text- und redaktionsgeschichtlicher Schichtungen der pseudoclementinischen Literatur vgl. u.a. NICOLE KELLEY, Knowledge and Religious Authority in the Pseudo-Clementines. Situating the Recognitions in Fourth Century Syria (WUNT II/213), Tübingen 2006, 174–178, bzw. GRAHAM STANTON, Jewish-Christian Elements in the Pseudo-Clementine Writings, in: OSKAR SKARSAUNE/REIDAR HVALVIK (Hrsg.), Jewish Believers in Jesus, Peabody 2007, 305–

einige themenspezifisch relevante Traditionselemente in die Diskussion einbezogen werden, in Bezug auf die ein weitgehender Konsens besteht, dass sie nicht erst im dritten oder vierten Jahrhundert entstanden sein können, sondern dass sich in ihnen frühere Entwicklungen spiegeln.

Bereits vorausgreifend soll betont werden, dass im Gegensatz zu den genannten kanonischen Zeugnissen judenchristlicher Provenienz die explizite Abgrenzung zur paulinisch-deuteropaulinischen Theologie für diese Zeugnisse ein zentrales Anliegen bildet, welches in unterschiedlichen literarischen Formen vermittelt wird. Dieser Sachverhalt dokumentiert sich bereits in zwei Texten, die zu frühen Texttraditionen der pseudoclementinischen Literatur gezählt werden können, nämlich in der *Epistula Petri ad Jakobum* und in der *Epistula Clementis*[14]. Beide Schriften zielen darauf ab, die rechtmässige Weitergabe der Botschaft Jesu zu gewähren und eine Überformung durch Irrlehren zu vermeiden. Dabei wird schrifthermeneutischen Argumenten eine zentrale Bedeutung zugestanden. Bemerkenswert ist, in welcher Weise Petrus und v.a. der Herrenbruder Jakobus als Garanten der wahren Lehre Jesu dargestellt werden und in welcher Weise die paulinische Theologie und Schriftauslegung als eine Verfälschung derselben diffamiert werden.

Zwei der diesbezüglich wesentlichen Bezugstexte finden sich in den Einleitungen der *Epistula Petri* und der *Epistula Clementis.* Bei beiden Texten handelt es sich um die Adscriptio von Briefen, mit denen sich – so der jeweilige Selbstanspruch der Texte – Petrus bzw. Clemens an Jakobus wenden. Beiden Texten ist gemeinsam, dass Jakobus in einer Weise angesprochen wird, die ihn zu der entscheidenden Autorität frühchristlicher Gemeindebildungen stilisiert[15.] In EpPetr 1,1a spricht Petrus Jakobus als »den Herrn und Bischof der heiligen Gemeinde« an (τῷ κυρίῳ καὶ ἐπισκόπῳ τῆς ἁγίας ἐκκλησίας). In diesem Zusammenhang besteht der Interpretationsfreiraum, ob ἐπίσκοπος τῆς ἁγίας ἐκκλησίας sich lediglich auf die Jerusalemer Gemeinde bezieht, oder auf die Gesamtheit der Kirche. Dieser Interpretationsfreiraum ist in EpClem 1,1 nicht gegeben. Hier spricht Klemens Jakobus zunächst als den »Herrn und Bischof der Bischöfe« an (in der griechischen

---

324; JÜRGEN WEHNERT, Die Pseudoclementinischen Homilien. Einführung und Übersetzung (KAL 1/1), Göttingen 2010, passim.

[14] Zu verschiedenen Versuchen einer Datierungen vgl. BROADHEAD, Jewish Ways (s. Anm. 4), 267ff; WEHNERT, Die Pseudoclementinischen Homilien (s. Anm. 13), 47ff.

[15] Die Pseudoclementinen dokumentieren eindrücklich, welche Autorität der Gestalt des Jakobus auch noch in späteren Entwicklungsstadien des frühen Christentums zugestanden wurde. Vgl. hierzu u.a. WILHELM PRATSCHER, Der Herrenbruder Jakobus und die Jakobustradition (FRLANT 139), Göttingen 1987, passim; MARTIN HENGEL, Jakobus der Herrenbruder – der erste »Papst«?, in: DERS., Kleine Schriften III: Paulus und Jakobus (WUNT 141), Tübingen 2002, 549–582; 557ff.; die Beiträge des Sammelbandes BRUCE CHILTON/CRAIG A. EVANS (Hrsg.), James the Just and Christian origins (NTS 98), Leiden u.a. 1998, passim; JOHN PAINTER, Just James. The Brother of Jesus in History and Tradition, Edinburgh 1999, passim.

Fassung τῷ κυρίῳ καὶ ἐπισκόπων ἐπισκόπῳ bzw. in der lateinischen Übersetzung *domino et episcopo episcoporum*). Daraufhin wird Jakobus als Leiter »der heiligen Gemeinde der Hebräer zu Jerusalem« angesprochen. Dies würde für sich genommen dafür sprechen, dass Jakobus nur der Bischof der Gemeinde in Jerusalem ist. Eine solche Einschätzung wird freilich durch die unmittelbar folgende Aussage problematisiert, in der Jakobus auch als Leiter aller Gemeinden angesprochen wird, die »überall durch Gottes Vorsehung wohl gegründet« sind.

Für die vorliegende Fragestellung ist nun von Relevanz, wie im weiteren Verlauf dieser Texte die Gestalt bzw. Theologie des Paulus angesprochen wird. Im ersten Kapitel der *Epistula Petri* hatten sich die literarisch stilisierten Gestalten des Petrus und Jakobus darauf geeinigt, dass die verschiedenen Protagonisten frühchristlicher Missionen in regelmäßigen Abständen in Jerusalem bei Jakobus vorsprechen müssen, um so eine Verfälschung der christlichen Lehre verhindern zu können. In der mit EpPetr 2,2 beginnenden Argumentation wird erkennbar, dass dieses Verhalten offensichtlich mit einer antipaulinischen Haltung einhergeht. Der fiktive Petrus betont, dass ansonsten – ich zitiere bzw. paraphrasiere – »unser Wort der Wahrheit in viele Meinungen zerspalten« wird (EpPetr 2,2). Er wisse dies nicht etwa als Prophet, sondern er habe schon den Anfang des Übels vor Augen. Er moniert, dass einige von den Heiden seine am jüdischen Gesetz orientierte Verkündigung verworfen und eine gesetzeslose und unsinnige Lehre »des feindlichen Menschen« (EpPetr 2,3) vorgezogen haben. Dieses Motiv ist in mehrfacher Hinsicht bemerkenswert. Das Motiv des feindlichen Menschen kann nämlich als eine Anspielung auf Mt 13,28 verstanden werden, also als eine Anspielung auf die matthäische Modifikation des Gleichnisses vom Sämann. Im Kontext der weiteren Ausführungen der Pseudoclementinen kann diese Anspielung als eine antipaulinische Spitze gewertet werden[16]. Diese Polemik wird in den folgenden Ausführungen noch prägnanter fassbar. Die nicht namentlich identifizierten Kontrahenten sollen Petrus unterstellt haben, eigentlich eine Relativierung des jüdischen Gesetzes zu vertreten, ohne dies öffentlich bekennen zu wollen (EpPetr 2,4f.).

Bereits die skizzierten Aussagen sind für vorliegende Fragestellung nach der Bedeutung der Schriftrekurse bzw. Schrifthermeneutik aufschlussreich. Sie weisen eine deutliche Affinität zu entsprechenden Ausführungen auf, die Paulus im zweiten Kapitel seines Galaterbriefs niederschrieb (vgl. v.a. Gal 2,1–14). Es drängt sich geradezu die Frage auf, ob bei diesen Ausführungen sowohl bei dem Verfasser als auch bei den Lesern der *Epistula Clementis ad Jacobum* eine Kenntnis des Galaterbriefs vorgesetzt werden muss. Doch auch wenn diese Frage auf der Grundlage der uns zur Verfügung stehenden Quellen nicht beantwortet werden kann, so ist es höchst interessant, auf welche Weise der pseudo-

---

[16] Vgl. u.a. HANS-JOSEF KLAUCK, Die apokryphe Bibel: Ein anderer Zugang zum frühen Christentum (TrC 4), Tübingen 2008, 271; WEHNERT, Die Pseudoclementinischen Homilien (s. Anm. 5), 44.

clementinische Petrus die gegen ihn erhobenen Vorwürfe zurückweist. Er zitiert nämlich jenes zuvor erwähnte Diktum des Matthäusevangeliums (Mt 5,18), das bereits für sich genommen eine antipaulinische Spitze zu tragen scheint:

> Ep.Petr.2,4f.: »Aber das sei ferne! 5. Denn solches hieße dem Gesetz Gottes zuwiderhandeln, das durch Moses kundgetan und durch unseren Herrn in seiner ewigen Dauer bestätigt worden ist. Denn er sprach: Der Himmel und die Erde werden vergehen, aber ein Jota oder ein Häkchen vom Gesetz werden nicht vergehen«.

Diese Argumentation ist für die vorliegende Fragestellung von zentraler Bedeutung. Sie impliziert nämlich ein schrifthermeneutisches Argument, welches auf zwei Ebenen agiert. Zunächst wird hervorgehoben, dass die kritisierte Haltung dem Gebot Gottes widersprechen würde, welches durch Mose übermittelt worden ist. Die bleibende Bedeutung dieses Gesetz wird daraufhin durch einen Rekurs auf ein Jesus-Wort begründet. Insofern der Textbestand nahezu wörtlich den überlieferten Texttraditionen zu Mt 5,18 entspricht, wird man davon ausgehen können, dass dem Verfasser der *Epistula Clementis ad Jacobum* bereits eine schriftliche Fassung der Mt 5,17–20 zugrundeliegenden Tradition oder eben das Matthäusevangelium selbst vorlag. Wenn letzteres der Fall ist, dann zitiert der pseudoclementinische Petrus das Matthäusevangelium, um die Illegitimität der paulinischen Soteriologie zu erweisen. Dies bedeutet jedoch, dass in diesem Zusammenhang mit einer aus heutiger Sicht kanonischen Schrift gegen eine (aus heutiger Sicht ebenfalls) kanonische Schrift argumentiert wird.

Neben diesem schrifthermeneutischen Argument bedient sich der pseudoclementinische Petrus jedoch auch noch anderer Strategien, um die Berechtigung der paulinischen Theologie zu diskreditieren. Das eventuell brisanteste Argument findet sich in einer Textsequenz, die nach dem Rekonstruktionsvorschlag von Georg Strecker bzw. Jürgen Wehnert in den *Kerygmata Petrou* 17,19,1ff. vorliegt. In ihrer vorliegenden Textgestalt handelt es sich hierbei um eine literarisch stilisierte Kontroverse zwischen Petrus und Simon Magus. In nahezu allen Analysen dieser Sequenz herrscht jedoch Einigkeit darüber, dass diese Tradition ursprünglich eine Kontroverse zwischen Petrus und Paulus widerspiegeln soll. Dieser Eindruck wird bereits dadurch evoziert, dass der Diskussionspartner des Petrus fortwährend mit Zitaten aus Paulusbriefen argumentiert. V.a. ist jedoch unverkennbar, dass in diesem Text der Selbstanspruch des Paulus problematisiert wird, aufgrund einer Christusvision eine apostolische Autorität zu haben. Die Gestalt der Argumentation spricht dafür, dass diese Tradition nicht erst in späten Entwicklungsstadien entstanden ist, sondern dass sie »mit Argumenten« arbeitet, »die in das 1. Jahrhundert zurückgehen mögen.«[17] Auch in diesem Zusammenhang wird fortwährend auf paulinische Briefe und das Matthäusevangelium angespielt:

> Und wenn dir auch unser Jesus in einem Gesicht erschienen und bekannt geworden und dir wie einem Gegner zürnend begegnet wäre, so hätte er doch nur durch Gesichte und Träume oder auch durch äußerliche Offenbarungen geredet. Ob aber jemand auf Grund einer Vision zur Lehre tüchtig gemacht werden kann? 2 Und wenn du meinst: »Das ist möglich«, weswegen hat dann der Lehrer bei uns, die wir wachend waren, ein ganzes Jahr zugebracht? 3 Wie kannst du nun bei uns Glauben finden, selbst wenn er dir erschienen ist, und wie kann er dir erschienen sein, wenn du das Gegenteil von dem willst, was du gelernt hast? 4 Wenn du aber von ihm eine Stunde lang besucht, unterwiesen und dadurch zum Apostel geworden bist, dann verkündige seine Worte, lege aus, was er gelehrt hat, sei seinen Aposteln Freund und bekämpfe nicht mich, der ich sein Vertrauter bin; denn mir, der ich ein standhafter Fels, der Kirche Grundstein bin, hast du feindselig widerstanden. 5 Wenn du nicht ein Feind wärest, dann hättest du nicht mich verleumdet und meine Predigt geschmäht, damit ich bei der Verkündigung dessen, was ich in eigener Person von dem Herrn gehört habe, keinen Glauben finde, als ob ich unzweifelhaft verurteilt, du aber anerkannt seist. 6 Und wenn du mich verurteilst nennst, so beschuldigst du Gott, der mir den Christus offenbarte, und setzt den herab, der mich der Offenbarung wegen seliggepriesen hat. 7 Willst du aber wirklich mit der Wahrheit zusammenarbeiten, dann lerne zuerst von uns, was wir von jenem gelernt haben und werde als ein Schüler der Wahrheit unser Mitarbeiter.[18]

Massiver kann man den apostolischen Selbstanspruch des Paulus kaum in Frage stellen. Der fiktive Petrus der Pseudoclementinen nimmt für sich in Anspruch, durch seine Lebensgemeinschaft mit Jesus und durch die Einsetzung zum Fundament der Kirche zu einer tragenden Autorität geworden zu sein (vgl. den Bezug auf das »Felsenwort« Mt 16,18f.). Paulus wird hingegen dafür kritisiert, dass seine Deutungen des Lebens und Wirkens Jesu nicht mit jener Botschaft zu vermitteln sei, die Jesus seinen Nachfolgern zu seinen Lebzeiten vermittelte. Dabei gilt es sich zu vergegenwärtigen, dass gerade die zuletzt zitierten Worte noch eine Vermittlung der Kontroversen zwischen judenchristlichen und heidenchristlichen Strömungen in Aussicht stellen. Dies würde prinzipiell z.B. einer lukanischen Konzeption entsprechen, die u.a. darum bemüht ist, die Entstehung der Pluralität judenchristlicher und heidenchristlicher Gruppierungen

---

[17] So WEHNERT, Die Pseudoclementinischen Homilien (s. Anm. 5), 38; entsprechend CARLETON PAGET, Jews (s. Anm. 4), 427ff.

[18] Zur Textrekonstruktion und Übersetzung vgl. WEHNERT, Die Pseudoclementinischen Homilien (s. Anm. 5), 38.

zu erläutern und ihre jeweilige Existenzberechtigung darzulegen[19]. Historisch betrachtet blieb diese Pluralität jedoch nicht bestehen. So dokumentieren zwar noch die Ignatiusbriefe, dass in verschiedenen christlichen Gemeinschaften jüdische Kult- und Speisegesetzgebungen partiell praktiziert wurden (Ign, Mag 8-10; Phil 3-4,6.8), ohne dass dies eine prinzipielle Infragestellung erfährt. Auch Justin vertritt in seinem literarisch stilisierten Dialog mit dem Juden Tryphon die Einschätzung, dass Judenchristen zwar jüdische Kult- und Speisegesetze praktizieren können, jedoch ihre Mitchristen nicht zu einem entsprechenden Verhalten nötigen dürfen[20]. Im Gegensatz hierzu moniert bereits Irenäus von Lyon, dass ein judenchristliches Ethos einer Apostasie vom christlichen Glauben gleichkommt[21]. Obwohl solchen Einschätzungen entsprechend judenchristliche Gruppierungen mehr und mehr marginalisiert wurden (vgl. die entsprechenden Ausführungen bei Hegesipp oder Euseb), entwickelten sie sich weiter und produzierten ihrerseits ein breites Spektrum eigener Schriften[22]. Ob judenchristliche Schulbildungen eventuell sogar einen eigenständigen Kanon formiert haben, kann auf der Grundlage der uns zur Verfügung stehenden Quellen nicht mehr rekonstruiert werden. Die überlieferten Quellen sind leider zu lückenhaft, um diese Frage beantworten zu können. Die Spuren judenchristlicher Traditionsbildungen verlaufen sich erst im fünften Jahrhundert, nicht zuletzt aufgrund der Etablierung heidenchristlich orientierter großkirchlicher Hierarchien im Imperium Romanum und der Neukonstituierung jüdischer Religiosität im Zuge der Ausbildung des talmudischen Judentums[23]. Diese Facetten einer Pluralität im frühen Christentum blieben somit nicht erhalten. Für die vorliegende Fragestellung ist von Relevanz, dass Rekurse auf autoritative bzw. heilige Schriften nicht dabei helfen konnten, diese Distanzierungen zu verhindern.

---

[19] Zu diesem Anliegen der Verfassers des lukanischen Geschichtswerks vgl. JACOB JERVELL, Die Apostelgeschichte (KEK 3), Göttingen (17. Aufl., 1. Aufl. dieser Auslegung) 1998, 86f.

[20] Ausführlich hierzu CARLETON PAGET, Jews (s. Anm. 4), 275.

[21] So speziell in Bezug auf die Gruppierung der Ebionäer. Vgl. OSKAR SKARSAUNE, The Ebionits, in: DERS./REIDAR HVALVIK (Hrsg.), Jewish Believers in Jesus: The Early Centuries, Peabody 2007, 419-487, 438ff.

[22] Vgl. zu judenchristlichen Evangelientraditionen u.a. CRAIG A. EVANS, The Jewish Christian Gospel Tradition, in: OSKAR SKARSAUNE/REIDAR HVALVIK (Hrsg.), Jewish Believers in Jesus: The Early Centuries, Peabody 2007, 241-277; zu weiteren schriftlichen Zeugnissen u.a. OSKAR SKARSAUNE, Fragments of Jewish Christian Literature Quoted in Some Greek and Latin Fathers, in: DERS./REIDAR HVALVIK (Hrsg.), Jewish Believers in Jesus: The Early Centuries, Peabody 2007, 325-378.

[23] Zu diesen Entwicklungen vgl. CHRISTOPH MARKSCHIES, Kaiserzeitliche christliche Theologie und ihre Institutionen: Prolegomena zu einer Geschichte der antiken christlichen Theologie, Tübingen 2007, 369ff. bzw. PHILIP S. ALEXANDER, Jewish Believers in Early Rabbinic Literature (2nd to 5th Centuries), in: OSKAR SKARSAUNE/REIDAR HVALVIK (Hrsg.), Jewish Believers in Jesus: The Early Centuries, Peabody 2007, 659-709.

Angesichts dessen soll im Folgenden betrachtet werden, in welcher Weise schrifthermeneutische Diskurse in dem zweiten großen Trennungsprozess innerhalb des frühen Christentums zur Sprache kommen konnten, nämlich in den Konflikten um gnostische Traditionsbildungen.

2. Schrifthermeneutik in Kontroversen nicht-gnostischer und gnostischer Traditionsbildungen

Bei der Beschäftigung mit den Auseinandersetzungen um gnostische Schulbildungen wird man mit völlig anderen Problemen konfrontiert, als dies bei den judenchristlichen Traditionen der Fall ist. Judenchristliche Traditionen können bis in die frühesten Anfänge des Christentums zurückreichen. Auseinandersetzungen mit gnostischen Traditionen lassen sich hingegen erst in einem wesentlichen späteren Entwicklungsstadium beobachten[24]. Einer der ältesten und der prominentesten Texte, in welchem der Begriff Gnosis als Bezeichnung einer religiösen Gruppierung erkennbar wird, findet sich im 1. Timotheusbrief. Im Postskript dieses aus historisch-kritischer Perspektive deuteropaulinischen Zeugnisses ermahnt der Autor seinen Adressaten, sich von einer Lehre zu distanzieren, die fälschlicherweise »Gnosis« genannt wird (vgl. 1Tim 6,20b [...] καὶ ἀντιθέσεις τῆς ψευδωνύμου γνώσεως). Dieser Text ist wahrscheinlich das älteste erhaltene schriftliche Zeugnis, der einen Konflikt zwischen gnostischen und nicht-gnostischen Strömungen im Spektrum früh-

----

[24] Ebenso wie das Judenchristentum erfuhr auch die Erforschung der gnostischen Religionsgeschichte in den vergangenen Jahrzehnten fundamentale Fortschritte. Nachdem lange Zeit gnostische Traditionsbildungen nur aus der Perspektive ihrer Gegner bekannt waren, wurden im Verlauf des zwanzigsten Jahrhunderts durch verschiedene archäologische Funde immer mehr gnostische Originalzeugnisse zugänglich. Aus diesem Grund ist es nun möglich, das Selbstverständnis entsprechender Gruppierungen präziser zu erfassen (vgl. u.a. die Ergebnisse der Turfanexpeditionen, die in Medinet Madi bzw. Nag-Hammadi gefundenen Schriftensammlungen, die Auffindung einzelner Texte wie z.B. dem sogenannten Kölner Mani-Kodex bzw. dem Kodex Tchacos und v.a. die Funde in der Dakchala-Oase, deren Auswertung noch in den Anfängen steckt). Angesichts dieser neuen Diskussionsgrundlage wird in jüngeren Forschungsdiskursen die Existenz einer vorchristlichen Gnosis weitestgehend für unwahrscheinlich gehalten. Selbst Lehrerpersönlichkeiten wie Valentin (ca. 110–160 n.Chr.) oder Basilides (ca. 117–161 n.Chr.), die zuvor oft als gnostische Schulgründer verstanden wurden, werden inzwischen eher als Theologen bzw. Religionsphilosophen verstanden, die lediglich ein Übergangsstadium zu gnostischen Schulbildungen repräsentieren. Vgl. CHRISTOPH MARKSCHIES, Valentinus Gnosticus? Untersuchungen zur valentinianischen Gnosis mit einem Kommentar zu den Fragmenten Valentins (WUNT 65), Tübingen 1992, 392f.; WINRICH A. LÖHR, Basilides und seine Schule: eine Studie zur Theologie- und Kirchengeschichte des zweiten Jahrhunderts (WUNT 83), Tübingen 1996, 326f.

christlicher Traditionen dokumentiert[25]. Gleichwohl wird im Kontext der Pastoralbriefe nur schemenhaft erkennbar, was die Inhalte dieser »fälschlicherweise Gnosis genannten« Lehre sein könnte. Bis dies klarer erkennbar wurde, sollte noch eine geraume Zeit vergehen. Während der 1. Timotheusbrief gemeinhin als ein Zeugnis des Übergangs vom ersten zum zweiten Jahrhunderts verstanden wird, begegnen die ersten ausführlichen Auseinandersetzungen mit entsprechenden Strömungen streng genommen erst in den 80er Jahren des zweiten Jahrhunderts[26]. Irenäus von Lyon verfasste zwischen 180-185 n. Chr. sein monumentales, aus fünf Büchern bestehendes Werk, welches ursprünglich auf Griechisch geschrieben war und das nur in einer lateinischen Übersetzung vollständig erhalten ist. Aus diesem Grund wird das Werk zumeist auch mit seinem lateinischen Kurztitel zitiert, nämlich *Adversus Haereses*, also »Gegen die Häresien«. Diese lateinische Namensform bringt jedoch ein Anliegen des griechischen Titels nicht angemessen zur Geltung, welches für unsere Fragestellungen von entscheidender Bedeutung ist. Soweit dies aus den altkirchlichen Zeugnissen eruiert werden kann, lautete der ursprüngliche griechische Titel nämlich in etwa folgendermaßen: »Überführung und Widerlegung der zu Unrecht so genannten Gnosis« (ΕΛΕΝΧΟΣ ΚΑΙ ΑΝΑΤΡΟΠΗ ΤΗΣ ΨΕΥΔΩΝΥΜΟΥ ΓΝΩΣΕΩΣ)[27]. Dieser Titel bringt programmatisch zur Geltung, dass Irenäus mit seinem Werk zwei Intentionen verfolgt. Einerseits geht es ihm darum, eine bestimmte Gestalt von Lehrtraditionen zu überführen bzw. zu identifizieren. Andererseits möchte er ihre Rechtmäßigkeit in Frage stellen oder - um es in Hinblick auf die Leitfragen des vorliegenden Sammelbandes zu formulieren: Irenäus möchte darlegen, wo seines Erachtens die Grenzen einer Pluralität im Spektrum frühchristlicher Identitätsbildungsprozesse liegen. Die besagten Lehrtraditionen bezeichnet er wiederum mit der Phrase »die zu Unrecht so genannte Gnosis«, die deutlich auf 1Tim 6,20 anspielt. Für unsere Fragestellung ist dabei aufschlussreich, dass Irenäus den Begriff »Gnosis« zu einem Sammelbegriff für verschiedene Lehrtraditionen stilisiert, die er in seinem Werk zu beschreiben versucht. Gleichwohl verwendet Irenäus den Begriff »Gnostiker« in den konkreten Ausführungen seines Werks verhältnismäßig selten. Streng genommen begegnet der Begriff in den Ausführungen des Bischofs von Lyon nur in Bezug auf eine einzige Schulbildung. In Adv.haer. II,25,6 erwähnt er *en passant* im Kontext der Beschreibung der sogenannten Karpokratianer, dass diese Gruppe sich

---

[25] Für HENGEL, Gnosis (s. Anm. 15), 492 ist dies der »früheste Beleg für eine christliche Gnosis.«

[26] Zur Begriffsgeschichte vgl. CHRISTOPH MARKSCHIES, Die Gnosis (C.H. Beck Wissen in der Beck'schen Reihe 2173), München 2001, 21-24.

[27] Zur Bedeutung dieser Aspekte für die Argumentationsstrategien von Irenäus vgl. KLAUS KOSCHORKE, Die Polemik der Gnostiker gegen das kirchliche Christentum: unter besonderer Berücksichtigung der Nag-Hammadi-Traktate »Apokalypse des Petrus« (NHC VII,3) und »Testimonium Veritatis« (NHC IX,3), NHS XII, Leiden 1978, 242f. bzw. ERIC OSBORN, Irenaeus of Lyons, Cambridge 2001, 150ff.

selbst als Gnostiker bezeichnet. Ansonsten gibt es für Irenäus hingegen v.a. einen Hauptgegner, nämlich Valentinus und die sich auf Valentin berufenden Schüler, insbesondere Ptolemäus, Theodotus und Herakleon. Diese Gruppierungen werden interessanterweise nicht mit dem Terminus Gnostiker bezeichnet.

Für einen neutralen Betrachter ist leicht zu erkennen, dass Irenäus in seinen Darstellungen zu Schematisierungen und polemischen Verzerrungen neigt. Dieses Phänomen wird sogar von ihm selbst eingeräumt. Er verteidigt seine Vorgehensweise mit dem Hinweis, dass man nicht das gesamte Meer austrinken müsse, um zu wissen, dass sein Wasser salzig sei (Irenäus, Adv.haer. II,19,8). Die bereits bei Irenäus zu erkennende Tendenz zur Schematisierung und Polemik tritt bei jüngeren gnosiskritischen Autoren noch deutlicher zu Tage (exemplarisch verwiesen sei auf Tertullian, Hippolyt von Rom oder Epiphanius von Salamis). Es verwundert kaum, dass sich in der jüngeren Gnosis-Forschung eine Strömung ausbildete, die zunächst in US-amerikanischen Diskussionskontexten große Zustimmung fand und die inzwischen auch in europäischen Diskursen zunehmend begegnet. Von verschiedenen prominenten Vertretern der Gnosisforschung wird nämlich die Ansicht vertreten, dass man die Verwendung des Begriffs ›Gnosis‹ generell vermeiden solle[28]. Das Grundanliegen dieser Neuorientierung besteht somit in einer Rehabilitierung. Diejenigen Strömungen, die man bisher als gnostisch bezeichnet hat, sollen nun als Facetten der frühjüdischen und frühchristlichen Religionsgeschichte verstanden werden. Es handle sich bei ihnen um jüdische bzw. christliche Traditionsbildungen, die sich v.a. durch eine Adaption zeitgenössischer platonisch-mittelplatonischer Diskurse auszeichnen und die erst im Nachhinein als gnostisch-häretische Konzepte gebrandmarkt wurden[29]. Oder um es wiederum in Bezug auf die Leitfragen des vorliegenden Sammelbands zu formulieren: Die vermeintlichen gnostischen Schulbildungen verkörperten eigentlich bedeutende Facetten eines pluralen frühen Christentums, deren prinzipielle Existenzberechtigung es nun wieder neu zu verstehen gelte.

Auch wenn die Frage einer angemessenen Verwendung der Begriffe ›Gnosis‹ bzw. ›gnostisch‹ im Rahmen der vorliegenden Studie nicht reflektiert wer-

---

[28] Exemplarisch sei verwiesen u.a. auf prominente US-amerikanische Forscher wie z.B. MICHAEL WILLIAMS, Rethinking »Gnosticism«. An Argument for Dismantling a Dubious Category, Princeton 1996, passim bzw. KAREN KING, What is Gnosticism?, Cambridge 2003, 218: »By perceiving how thoroughly the study of Gnosticism is tied to defining normative christianity, we have been able to analyze where and how the academic study of Gnosticism in the twentieth century reinscribes and reproduces the ancient discourse of orthodoxy.«

[29] Einen repräsentativen Einblick in entsprechende Debatten bietet APRIL DECONICK, What is Early Jewish and Christian Mysticism?, in: DIES., Paradise Now: Essays on Early Jewish and Christian Mysticism (SBL.SS 11), Atlanta 2006, 1–24.

den kann[30], ist für die vorliegende Fragestellung aufschlussreich, in welcher Weise in den Kontroversen zwischen Häresiologen und ihren sogenannten gnostischen Gegnern Rekurse auf autoritative, geschweige denn heilige, Schriften zum Gegenstand der Auseinandersetzungen werden konnten. Letzteres lässt sich wiederum paradigmatisch an Aussagen von Irenäus und Tertullian erläutern. Beide Autoren wirken in einer Zeit, in der sich die Grundform eines christlichen Kanons abzeichnet, aber noch nicht abgeschlossen ist. Während Irenäus sein monumentales Werk *Adversus Haereses* in den frühen 80er Jahren des zweiten Jahrhunderts verfasste, sind die gnosiskritischen Schriften Tertullians etwa an der Wende des zweiten zum dritten Jahrhunderts entstanden[31].

Zunächst sollen die themenspezifischen Ausführungen von Irenäus von Lyon in die Diskussion einbezogen werden. Letzterer wirft seinen Gegnern in verschiedenen Zusammenhängen vor, dass die von ihnen propagierten Lehren nur sehr schwer als Irrlehren zu identifizieren seien, insofern sie der seines Erachtens nach wahren Lehre auf den ersten Blick sehr ähnlich seien[32]. Sie würden jedoch nicht nur dazu tendieren, vorhandene Lehrsysteme zu modifizieren, sondern auch überlieferte Schriften in ihrem Sinne zu ändern. Zuweilen würden sie sogar eigene Schriften verfassen, die sie dann als

---

[30] Die nachfolgenden terminologischen Verwendungen orientieren sich im Wesentlichen an MARKSCHIES, Gnosis (s. Anm. 26.), 25f.

[31] Beide Autoren wirken somit in einer Phase, in welcher auch die Entstehung des sogenannten *Kanon Muratori* bzw. dessen griechischer Vorgabe zu verorten ist. Zu Frage einer Früh- bzw. Spätdatierung dieses Zeugnisses vgl. GEOFFREY M. HAHNEMAN, The Muratorian Fragment and the Development of the Canon, Oxford 1992, passim; MARKSCHIES, Kaiserzeitliche christliche Theologie (s. Anm. 23), 230ff.

[32] Der Bischof wirft bereits in den ersten Worten seines Werkes den von ihm angegriffenen Personen u.a. vor, dass sie Worte Jesu, deren inhaltlich-sachliche Aussage eigentlich unmittelbar zu verstehen sei, leichtfertig umdeuten. Sie schreckten nicht einmal davor zurück, entsprechende Texte nach ihren Interessen zu verändern (vgl. Iren., Adv.haer. I, Praef I,3–5: »Mit listig eingeübter Überredungskunst verführen sie die Ahnungslosen in ihren Vorstellungen und fangen sie ein, indem sie leichtfertig mit den Herrenworten umgehen und das, was richtig gesagt ist, falsch ausdeuten.«). Dieser Vorwurf entspricht auch seinen abschließenden Bemerkungen, dass bereits seine rechtgläubigen Vorgänger sich darüber beklagt hätten, dass jene Irrlehrer die gegen sie vorgebrachten Argumente schlicht in ihr Gegenteil verkehren und jeder direkten Konfrontation ausweichen (Iren., Adv.haer. V,26,2). Aus diesem Grunde sei es überaus schwierig, jene gnostischen Lehrer einer Häresie zu überführen. Diesen Sachverhalt fasst Irenäus in das ebenso eingängige wie plakative Bild, dass die von seinen Kontrahenten entworfenen Lehrsysteme der wahren Lehre so ähnelten wie eine Glasimitation dem Smaragd oder das Gipswasser der Milch (vgl. Iren., Adv.haer. I praef.; III,17,4). Zum Übersetzungsvorschlag vgl. NORBERT BROX, Irenäus von Lyon, Epideixis. Darlegung der apostolischen Verkündigung; Adversus Haereses. Gegen die Häresien I, übers. u. eingel. v. NORBERT BROX (FC 8/1), Freiburg i. Br. 1993, 123f. bzw. 174f.

Zeugnisse der Nachfolger Jesu bzw. der wichtigsten Traditionsgaranten der ersten Generation des Christentums anführen[33].

Ganz anders verhält sich diesbezüglich hingegen Tertullian. Der wohl erste lateinisch schreibende Theologe des frühen Christentums ist für die vorliegende Fragestellung von besonderer Bedeutung, insofern es sich bei ihm um einen ausgebildeten Juristen und Rhetoriker handelt. Wie sehr diese Vorbildung auch seine gnosiskritischen Argumentationen prägt, zeigt sich eindrücklich in seiner Schrift *De praescriptione Haereticorum*[34]. Diese in einem ebenso brillianten wie anspruchsvollen Latein abgefasste Schrift orientiert sich in ihrer Argumentationsstrategie an Grundsätzen des zeitgenössischen römischen Rechts. Tertullian wirft die Frage auf, ob die von ihm kritisierten gnostischen Lehrer überhaupt die Voraussetzung besitzen, über die Berechtigung der von ihn propagierten Lehren zu diskutieren. Zentraler Gegenstand dieses Einspruchs ist die Frage nach dem angemessenen Gebrauch autoritativer bzw. heiliger Schriften.

Für den Nordafrikaner ist nicht etwa ein sich abzeichnender Kanon bestimmter christlicher Schriften die Diskussionsgrundlage, sondern eine *regula fidei*. Letzteres ist für Theologen des zweiten und dritten Jahrhunderts prinzipiell nichts Besonders. Entsprechende Ansätze finden sich auch in den gnosiskritischen Ausführungen von Irenäus. Im Gegensatz zum Bischof von Lyon hebt Tertullian jedoch hervor, dass mit Kontrahenten, die sich nicht zu der von ihm überlieferten bzw. formulierten Glaubensregel bekennen, überhaupt nicht diskutiert werden dürfe. Oder um seine juristisch geprägte Argumentation zu paraphrasieren: Die gnostischen Lehrer stehen nicht auf dem Rechtsfundament, das ihnen eine Verhandlung der von ihnen vorgebrachten Exegesen eröffnet (vgl. Tert.praesc., 15,2):

> »Die Schrift halten sie uns entgegen, und durch diese ihnen eigene Verwegenheit beeindrucken sie sogleich einige Leute. [...] 3 Dem setzen wir daher vor allem den Standpunkt entgegen, der besagt, jene zu keiner Diskussion über die Schrift zuzulassen. 4 Wenn darin ihre Stärke besteht, dass sie diese zu besitzen vermögen,

---

[33] Diese generellen Aussagen über gnostische Argumentationsstrategien spitzt Irenäus in einem anderen Zusammenhang auch in Bezug auf das Phänomen zu, dass seine Kontrahenten bereit sind, vorgegebene Texte in ihrem Sinne zu verändern. Auch diesen Sachverhalt umschreibt er wiederum mit einem einprägsamen, aber polemischen Bild, demzufolge jene Irrlehrer das Mosaikbild eines Königs in seine Einzelteile zerlegen und zu dem Bild eines Hundes umgestalten (Iren., Haer., I,8,1 bzw. I,9,4).

[34] Zur Textrekonstruktion und Übersetzung vgl. DIETRICH SCHLEYER, Tertullian: De Praescriptione Haereticorum (Vom prinzipiellen Einspruch gegen die Häretiker), übersetzt und eingeleitet von DIETRICH SCHLEYER (FC 42), Turnhout 2002, passim.

> dann muss geklärt werden, wem das Eigentum der Schrift zusteht, damit nicht der zu ihrem Gebrauch zugelassen wird, dem es in keinem Fall zusteht.«[35]

Die Wiedergabe dieses Textes orientiert sich an den (in der Fußnote angegebenen) Übersetzungsvorschlägen des Philologen Dietrich Schleyer. Aus philologischer und kirchenhistorischer Perspektive muss jedoch kritisch angemerkt werden, dass Schleyer in seiner Übersetzung nahezu durchgehend den Plural von *scriptura* als Singular wiedergibt. Dieser Aspekt ist zu monieren, insofern die Argumentationen von Tertullian zu erkennen geben, dass es zu dieser Zeit eben noch keinen abgeschlossenen Kanon christlicher Schriften gab. Es ist vielmehr erkennbar, wie sehr noch um die Frage eines angemessenen Umgangs mit verschiedenen autoritativen Schriften gerungen wird. Oder um es in Bezug auf die einleitenden Anmerkungen dieser Studie hin zu formulieren: Auslegungen vermeintlicher kanonischer Schriften sind in diesem Kontext kein Fundament einer Verständigung, sondern Kristallisationspunkte der Kontroversen.

Auch wenn sich Tertullian somit gar nicht erst auf eine Diskussion mit seinen gnostischen Gegnern einlassen will, so referiert er auch einen Vorwurf, der schon von Irenäus formuliert wurde. Auch er wirft gnostischen Lehrern und Schulen vor, dass sie überlieferte Schriften in ihrem Sinne modifizieren bzw. selbst Schriften verfassen, die angeblich auf die unmittelbaren Nachfolger Jesu zurückgehen würden[36]. Auch wenn solche polemischen Vorwürfe aus historisch-kritischer Perspektive betrachtet als tendenziös und keineswegs als objektiv verstanden werden können, ist ihnen eine *particula veri* zu eigen. Viele gnostische Originalzeugnisse, die im Zuge verschiedener archäologischer Funde v.a. im 20. Jahrhundert gefunden wurden, lassen eine gewisse Affinität zu den skizzierten Beschreibungen erkennen. Paradigmatisch hierfür sind die Nag-Hammadi-Kodices, in deren Rahmen viele Nachfolger Jesu bzw. Traditionsgaranten der ersten christlichen Generation als vermeintliche Autoren und Traditionsgaranten benannt werden (vgl. z.B. das *Gebet des Apostels Paulus* [NHC I,1], der *Brief des Jakobus* [NHC I,2], das *Thomas-Evangelium* [NHC II,2], das *Philippus-Evangelium* [NHC II,3], die *Petrus-Apokalypse* [NHC VII,3] etc.). Bei den meisten Nag-Hammadi-Schriften ist jedoch verhältnismäßig klar zu erkennen, dass es sich um koptische Übersetzungen von Texten handelt, die ursprünglich Griechisch verfasst waren und deren Übersetzungen

---

[35] Vgl. SCHLEYER, Tertullian (s. Anm. 34), 260f.

[36] Ebenso wie Irenäus wirft Tertullian insbesondere Valentin bzw. den Valentinianern vor, dass sie sich nicht scheuen, frühchristliche Texte in ihrem Sinne auszulegen bzw. umzudeuten (Tert.praesc., 30,11f.; 33,7f.; 37,3 etc.). Wo ihnen dies nicht gelingen würde, da seien sie ohne Weiteres dazu bereit, die Texte selbst zu modifizieren. Darüber hinaus konstatiert Tertullian, dass seine Gegner selbst neue Texte verfassen und dann als geheime Hinterlassenschaft anerkannter frühchristlicher Autoritäten ausgeben.

wohl erst im dritten oder gar vierten Jahrhundert entstanden sind[37]. Für die vorliegende Fragestellung ist bemerkenswert, dass einige dieser schriftlichen Zeugnisse Eigentümlichkeiten aufweisen, die in den skizzierten polemischen Ausführungen von Irenäus oder Tertullian thematisiert wurden. Paradigmatisch hierfür sind z.B. die Zeugnisse, die für sich in Anspruch nehmen, auf Paulus bzw. den (vermeintlichen) Lieblingsjünger Johannes zurück zu gehen, insbesondere die Paulusapokalypse (NHC V,2) und das Johannesapokryphon (NHC II,1; III,1; VI,1[38]; außerhalb der Nag-Hammadi-Schriften auch überliefert im zweiten Traktat des Codex Berolinensis Gnosticus 8502). Beide Schriften nehmen ferner für sich in Anspruch, eine zusätzliche, geheime Lehre dieser vermeintlichen Autoren zu tradieren, welche deren bereits öffentlich bekannten Zeugnisse ergänzen. Inhaltlich-sachlich betrachtet können dieselben jedoch schlicht als Korrekturen der mit Paulus und Johannes in Verbindung gebrachten theologischen Konzeptionen verstanden werden, die jeweils deutliche Züge gnostischer Welt- und Menschenbilder aufweisen[39]. Interessanterweise bieten beide Werke Anspielungen auf (aus heutiger Perspektive formuliert) kanonische Werke, deren Kenntnis offensichtlich vorausgesetzt wird. So spielt z.B. Paulusapokalypse auf jene Aussagen des Heidenapostels an, in denen er indirekt von einer Himmelsreise spricht, die ihm widerfahren sein soll (vgl. 2Kor 12,2–4). In der Korrespondenz mit der (bzw. den) Gemeinde(n) in Korinth hebt er jedoch hervor, dass er für solche ekstatischen Erfahrungen sich nicht rühmen und sie auch nicht inhaltlich beschreiben möchte[40]. Demgegenüber erhebt die Paulusapokalypse den Anspruch, einem Kreis auserwählter Leser anzuvertrauen, was Paulus während jener Himmelsreise offen-

---

[37] Ausführlich hierzu vgl. HANS-MARTIN SCHENKE, Einführung, in: DERS./HANS-GEBHARD BETHGE/URSULA ULRIKE KAISER, Nag Hammadi Deutsch, hrsg. durch die Berlin-Brandenburgische Akademie der Wissenschaften, eingeleitet und übersetzt von Mitgliedern des Berliner Arbeitskreises für Koptisch-Gnostische Schriften; Koptische-gnostische Schriften 2: NHC 1,1–5,1 (GCS N. F., Bd. 8, Berlin/New York), 2001, 1–6, 2f.

[38] Die Bedeutung dieser Schrift dokumentiert sich bereits in dem Phänomen, dass sie in den Nag-Hammadi-Schriften gleich in dreifacher Fassung vorliegt und dabei stets als der Eröffnungstext des jeweiligen Kodex fungiert (vgl. hierzu SIMONE PÉTREMENT, A Separate God: The Christian Origins of Gnosticism, London 1991, 387ff.; BIRGIR PEARSON, Early Christianity, Harrisburg 1997, 1ff.). Zum Verhältnis der Langversion (NHC II,1; IV,1) und der Kurzversion (NHC III,1; BG 2) vgl. JUDITH HARTENSTEIN, Die zweite Lehre: Erscheinungen des Auferstandenen als Rahmenerzählungen frühchristlicher Dialoge (TU 146), Berlin 2000, 69–72.

[39] Dabei weist die Paulusapokalypse eine deutliche Affinität zur valentinianischen Theologie auf. Vgl. WILLIAM R. MURDOCK/GEORGE W. MACRAE, The Apocalypse of Paul, in: DOUGLAS M. PARROTT (Hg.), Nag Hammadi Codices V,2–5 and VI with Papyrus Berolinensis 8502,1 and 4 (NHS 11), Leiden 1979, 47–63, 49.

[40] Auch wenn er für sich in Anspruch nimmt, eine solche Erfahrung gemacht zu haben, soll seine apostolische Autorität alleine auf der Berufung basieren, die ihm durch den Auferstandenen selbst zuteil wurde. Vgl. CHRISTIAN WOLFF, Der zweite Brief des Paulus an die Korinther (ThHK 8), Berlin 1989, 239ff.

bart worden ist. Eine solche Argumentationsstruktur begegnet auch in der Langfassung des Johannesapokryphon, welches den im Johannesevangelium literarisch stilisierten Lieblingsjünger als Traditionsgaranten benennt. Dabei fällt auf, dass letzterer namentlich mit Johannes identifiziert wird. Da dies ist im Johannesevangelium selbst nicht der Fall ist, scheint das Johannesapokryphon eine Kenntnis entsprechender Traditionen vorauszusetzen. Ihrem literarischen Anspruch nach ist die Langfassung des Johannesapokryphons eine »Zusatzoffenbarung«[41] zum Johannesevangelium, die jenem Lieblingsjünger durch den Auferstandenen übermittelt wurde. Religionshistorisch betrachtet erweist sie sich allerdings als eine subtile Umdeutung des vierten Evangeliums, durch welche wesentliche Aspekte johanneischer Theologie im Sinne gnostischer Theologie reformuliert werden[42]. Darüber hinaus bietet das Johannesapokryphon eine gnostische Deutung der biblischen Schöpfungserzählungen, die der johanneischen Rezeption der jüdischen Bibel diametral widerspricht. Das Johannesevangelium bezieht sich positiv auf die biblischen Traditionen, die es als Fundament der Vermittlung einer hochreflektierten Christologie verwendet (vgl. v.a. die Anspielungen auf die Schöpfungserzählungen und das Motiv der präexistenten göttlichen Weisheit im Zusammenhang des Prologs Joh 1,1-18[43]). Das Johannesapokryphon bietet hingegen eine einem Midrasch vergleichbare Kommentierung der biblischen Schöpfungserzählungen, die deren theologische Grundaussagen schlicht destruiert und als Selbstzeugnisse eines in seiner Erkenntnis beschränkten und negativ beurteilten Schöpfergottes diskreditiert[44]. Obwohl sich das Johannes-

---

[41]So treffend Martin Hengel, Die johanneische Frage. Ein Lösungsversuch. Mit einem Beitrag zur Apokalypse von J. Frey (WUNT 67), Tübingen 1993, 51ff. Entsprechend Titus Nagel, Die Rezeption des Johannesevangeliums im 2. Jahrhundert: Studien zur vorirenäischen Auslegung des vierten Evangeliums in christlicher und christlich-gnostischer Literatur (Arbeiten zur Bibel und ihrer Geschichte 2), Halle 1999, 385-394.

[42]Vgl. Michael Waldstein, The Providence Monologue in the Apocryphon of John and the Johannine Prologue, in: Journal of Early Christian Studies 3 (1995), 369-402, 369ff.; Nagel, Rezeption (s. Anm. 41), 394f.

[43] Zu diesen Rezeptionen vgl. u. a. Jörg Frey, Joh 1,14, die Fleischwerdung des Logos und die Einwohnung Gottes in Jesus Christus. Zur Bedeutung der Schechina-Theologie für die johanneische Christologie, in: Bernd Janowski/Enno Edzard Popkes (Hrsg.), Das Geheimnis der Gegenwart Gottes: Zur Schechina-Vorstellung in Judentum und Christentum (WUNT 318), Tübingen 2014, 231-256 bzw. Michael Theobald, Die Fleischwerdung des Logos. Studien zum Verhältnis des Johannesprologs zum Corpus des Evangeliums und zu 1 Joh (NTA N.F.20), Münster 1988, passim.

[44] Die esoterische Belehrung, die der literarisch stilisierte Traditionsgarant erhält, zeigt nahezu alle wesentlichen Merkmale eines gnostischen Weltentstehungsmythos. Während in NHC II,1 p. 2,26-13,13 eine gnostische Theogonie- und Kosmogonievorstellung formuliert wird, wird NHC II,1 p. 13,13-30,11 dargelegt, welche Konsequenzen sich hieraus für das Verständnis der biblischen Schöpfungserzählungen ergeben. Ausführlich hierzu vgl. Gerard P. Luttikhuizen, Gnostic Revisions of Genesis Stories an Early Jesus Traditions (NHMS 58), Leiden 2006, 44ff.

apokryphon und das Johannesevangelium somit auf die gleichen biblischen Traditionen beziehen, bieten diese Rekurse keine Potentiale einer theologischen Verständigung.

Bemerkenswerterweise lassen jedoch die Paulusapokalypse und das Johannesapokryphon ebenso wie viele weitere Zeugnisse der Nag-Hammadi-Schriften nicht erkennen, dass ihre Verfasser bzw. Adressaten sich aus jenen größeren Gemeinschaften lösen wollen, die über jene Geheimlehren nicht informiert werden sollen. Die sogenannten gnostischen Gemeinschaften haben sich offensichtlich als Teil eines pluralen Christentums verstanden, innerhalb dessen ein Nebeneinander unterschiedlicher religiöser Selbstverständnisse existieren konnte[45]. Doch ebenso wie bei der Entwicklungsgeschichte judenchristlicher und heidenchristlicher Traditionen kam es letztlich auch hier zu einem Bruch. Einerseits wurde seitens kirchlicher Häresiologen immer massiver gegen gnostische Schulbildungen polemisiert. Anderseits fanden gnostische Traditionen andere Kontexte, in denen sie sich weiter entwickeln konnten (vgl. v.a. den Manichäismus, in dessen Gestaltwerdung gnostisches Denken sich fast zu einer Weltreligion entwickelte[46]). Und ebenso wie bei den sukzessiven Trennungsprozessen judenchristlicher und heidenchristlicher Gemeinschaften waren Auslegungen heiliger bzw. autoritativer Schriften nicht das Fundament einer Verständigung, sondern Kristallisationspunkte der Kontroversen. Die hermeneutischen Prämissen der konträren Interpretationen der gleichen Bezugstexte lagen zumeist außerhalb der rezipierten Texte.

----

[45] Dies zeigt sich an vielen im Rahmen der Nag-Hammadi-Schriften gefundenen Zeugnissen, die ekklesiologische und sakramentstheologische Konzeptionen erkennen lassen (vgl. die »Expositio Valentiniana« (NHC XI,2) bzw. die ›Auslegung der Erkenntnis‹ (NHC XI,1). Auch wenn dieselben sich zuweilen deutlich von weiteren kirchlich etablierten Gemeinschaftsstrukturen unterscheiden, ziehen sie daraus nicht die Konsequenz, sich von jenen Rahmenbedingungen prinzipiell zu distanzieren. Vgl. hierzu KOSCHORKE, Polemik (s. Anm. 27), 142ff.; WOLF-PETER FUNK, »Valentinianische Abhandlung« (NHC XI,2), in: HANS-MARTIN SCHENKE, Nag Hammadi Deutsch (hrsg. durch die Berlin-Brandenburgische Akademie der Wissenschaften, eingeleitet und übersetzt von Mitgliedern des Berliner Arbeitskreises für Koptisch-Gnostische Schriften; hrsg. von HANS-MARTIN SCHENKE/HANS-GEBHARD BETHGE/URSULA ULRIKE KAISER) Koptische-gnostische Schriften 3: NHC V,1–XIII,1 (GCS N. F. 12) Berlin/New York 2003, 747–762.

[46] Zur den Eigentümlichkeiten gnostisch-manichäischer Gemeinschaftsstrukturen SAMUEL N. LIEU, Manichaeism in the Later Roman Empire and Medieval China, Tübingen, 1992², 86ff.; KURT RUDOLPH, Die Gnosis: Wesen und Geschichte einer spätantiken Religion (UTB 1577), Göttingen ³1994, 268–276.

Anknüpfung und Widerspruch – Die Rede von der Schriftgemässheit als Herausforderung gegenwärtiger Praktischer Theologie

Thomas Schlag

1. Einleitung

Vom praktischen Theologen mag sich der Lesende einen praxisbezogenen Introitus zum vergleichsweise abstrakten Thema erhoffen – und so soll dieser vermutlichen Erwartung sogleich entsprochen werden:

Im Rahmen eines vor kurzer Zeit durchgeführten Seminars mit 30 Personen aus kirchengemeindlichem Kontext galt es, die Frage »Was heißt heute noch evangelisch?« zu bearbeiten: Ein Klassiker evangelischer Erwachsenenbildung, wenn man so will. Ort des Geschehens war das Stift Urach am Fuß der Schwäbischen Alb. An die modernisierten Räumlichkeiten grenzt die im 15. Jh. erbaute spätgotische Amandus-Kirche an, von der gleich noch näher die Rede sein wird. Nach einem Seminarvormittag, der wesentlich dem assoziativen Einstieg zur Thematik und der Behandlung zentraler Aussagen aus Luthers Freiheitsschrift gewidmet war, sah die Nachmittagseinheit vor, aktuelle Thesen von Michael Seibt zum protestantischen Schriftverständnis[1] zu studieren und daran anschließend mögliche ethische Implikationen am Beispiel des EKD-Familienpapiers[2] zu diskutieren. Die anvisierte Textarbeit, für die der Verfasser dieses Beitrags verantwortlich sein sollte, würde, so meine Vermutung, keine leichte Kost werden. Die Mittagspause wurde gleichwohl von der Gruppe genutzt, um sich einen Einblick in eben jene, bereits erwähnte spätgotische Amandus-Kirche zu verschaffen. Dort stieß die Gruppe der Interessierten nun alsbald auf den Hinweis, dass die zwei hinteren Konsolsteine

---

[1] Michael Seibt, Allein die Schrift. Zur Reform eines reformatorischen Grundsatzes, in: DtPfBl 114 (2014), 73–77.

[2] Rat der EKD (Hg.), Zwischen Autonomie und Angewiesenheit. Familie als verlässliche Gemeinschaft stärken. Eine Orientierungshilfe des Rates der Evangelischen Kirche in Deutschland (EKD), Gütersloh ²2013.

des Kreuzgewölbes, immerhin vorreformatorisch gefasst, die folgenden Darstellungen und Bibelverse umfassen: Auf der Nordseite des Kirchenschiffes der Apostel Paulus mitsamt der Inschrift aus Röm 10,17: »Fides ex auditu«, auf der Südseite der Prophet Habakuk mit Kapitel 2,4: »Iustus fide sua vivet«. Zum zweiten Motiv lag auch die entsprechende Postkarte auf (siehe Abbildung).

Biblisch-reformatorische Kernüberlieferung in gleichsam illuminierter Kurzform. Und wie die staunenden Blicke der Teilnehmenden in Richtung Deckengewölbe zeigten, ein faszinierender Moment. Damit war für mich als Referent der Einstieg in die Textarbeit des Nachmittags gefunden.

Um es nun etwas systematischer zu fassen: Durch dieses biblisch-figürliche Darstellungsprogramm eröffnete sich sozusagen unmittelbar die Frage reformatorischer Schriftgemäßheit im Horizont der weiterreichenden Aspekte von Verbindlichkeit und Pluralität, Klarheit und Geltungsanspruch. Entscheidend für diesen freien individuellen Diskurs im Kontext eines Bildungsprozesses mit Erwachsenen waren gerade Anschaulichkeit und Plastizität bzw. die Begehbarkeit und Begegnung mit theologisch-reformatorischer Traditionspräsenz in Bild und Wort. Dieser freie und zugleich geleitete Introitus ermöglichte individuelle Anknüpfungen und konnte den Diskurs eröffnen. Sie bemerken vermutlich den hermeneutischen Doublebind, insofern dieser Einstieg nun auch für die Lektüre des vorliegenden Beitrags beibehalten wurde.

Bevor ich nun näher ausführe, was dies im Einzelnen für die Fragestellung unter dem dialektischen Begriffspaar »Anknüpfung und Widerspruch« bedeuten kann, soll eine Vorbemerkung zur hier vorgenommenen Verwendung des Begriffs der Schriftgemäßheit angestellt werden.

2. Vorbemerkung zur terminologischen Verwendung von »Schriftgemäßheit«

Einige Orientierungen in praktisch-theologischer Absicht seien an dieser Stelle vorgenommen: Weder die Confessio Augustana und ihre Apologie, weder die Katechismen noch die Schmalkaldischen Artikel enthalten bekanntermaßen ein eigenes Lehrstück über die Heilige Schrift. Erst die Konkordienformel hält unter Verweis auf Ps 119,105 (»Dein Wort ist eine Leuchte meinem Fuß und ein Licht auf meinem Pfad«) und Gal 1,8 (»Jedoch, selbst wenn wir oder ein Engel vom Himmel euch etwas als Evangelium verkündigten, das dem widerspricht, was wir euch als Evangelium verkündigt haben: Verflucht sei er«) fest, »daß die einige Regel und Richtschnur, nach welcher zugleich alle Lehren und Lehrer gerichtet und geurteilt werden sollen, seind allein die prophetischen und apostolischen Schriften Alten und Neuen Testaments«.[3] Sie sind der reine und lautere »Brunnen Israels«,[4] der alleinige Richter und »Probierstein«[5] rechter und unrechter Lehre. Gunter Wenz formuliert zu diesem Verständnis der Heiligen Schrift »als evangelischem Geistzeugnis und kanonischer Norm des Glaubens«: »Das gesamte christliche Glaubenszeugnis findet [...] an der Hl. Schrift als der Urkunde des Evangeliums seinen suffizienten Inhalt und kritischen Maßstab, dem es zu entsprechen hat. Solche Entsprechung geschieht im Bewußtsein des Unterschieds göttlichen und menschlichen Wortes«.[6]

Dabei sind aber – um es hier gleich vorwegzunehmen – nun gerade die möglichen Entsprechungsweisen von prinzipiell pluraler Gestalt. Denn ein solcher Schrift-Maßstab ist ohne das individuelle Messen und Ermessen schlechterdings nicht zu denken. Von daher sind auch zentrale Regeln eines angemessenen evangelischen Schriftgebrauchs immer interpretationsbedürftig, selbst wenn sie in vermeintlich größter Klarheit ausgegeben werden, so etwa bei Carl Stange, wonach nur diejenige Lehre schriftgemäß sei, die von der Ehre Christi Zeugnis gibt und die sich an den angefochtenen Gewissen bewähre.[7] Ein solches »Bewähren« der Schriftgemäßheit, um es hier gleich vorwegzunehmen, ist nicht ohne Bewahrheitung am Ort des Individuums zu denken.

Auch terminologische Verwendungen der neueren Zeit bleiben notwendigerweise in dieser Interpretationsschleife: Etwa wenn die sogenannte »Denkschriften-Denkschrift« der EKD aus dem Jahr 1970 »Aufgaben und Grenzen kirchlicher Äußerungen zu gesellschaftlichen Fragen« zwei Kriterien benennt, denen öffentliche Äußerungen der evangelischen Kirche zu gesellschaftlichen Fragen jederzeit zu entsprechen hätten, nämlich Schriftgemäßheit und Sachgemäßheit. »Schriftgemäßheit« wird dabei als das Bezogensein des christlichen Glaubens auf seine biblischen Wurzeln gefasst, während »Sachgemäßheit« darauf hin ausgerichtet verstanden wird, warum die evangelische Kirche

---

[3] BSLK 767, 14–19.
[4] BSLK 834, 19.
[5] BSLK 769, 24.
[6] GUNTHER WENZ, Theologie der Bekenntnisschriften der evangelisch-lutherischen Kirche, Bd. 1, Berlin/New York 1996, 168.
[7] Zit. bei WENZ, a.a.O., 166.

sich zu fachlichen Fragen mit Hilfe des Sachverstands von Expertinnen und Experten äußern sollte.[8]

Die Rede von der »Schriftgemäßheit« fungiert folglich in den genannten Fällen als kriteriologisch-hermeneutischer Begriff der Prüfung von Glaubensfragen und Glaubensentscheidungen an der Autorität der Schrift selbst - aber dies immer unter konstitutiv freier Aktivität des und der Prüfenden selbst.

Die Rede von der Schriftgemäßheit im Kontext kirchlichen Handelns eröffnet insofern durch ihre programmatische Auslegungsbedürftigkeit ein hochdiskursives Gesamtgeschehen des je individuellen freien Schriftgebrauchs.

Schließlich sei auch darauf hingewiesen, dass die Rede von der Schriftgemäßheit auch als Kampfbegriff der mehr oder weniger deutlichen Unterstellung dienen kann, dass biblische Überlieferung ignoriert oder negiert werde - etwa dort, wo bestimmten kirchlichen Entscheidungen oder einzelnen Aktivitäten gerade die Rechtmäßigkeit individueller Auslegung abgesprochen wird - mitzuerleben in den aktuellen Debatten und fundamentalistischen Einlassungen etwa in Fragen der Anerkennung homosexueller Partnerschaften im Pfarrhaus oder der aktuellen Debatten zu Familie, Lebensformen und Bildungsplänen.[9] Hier wird dann aber nicht weniger getan, als die pluralitätsoffene Diskursivität des Schriftverstehens künstlich durch normative Setzungen jenseits der Schrift zu unterbinden.

Was stellt nun aber die praktisch-theologische Forschung in den letzten Jahrzehnten zur Frage der Schriftgemäßheit bzw. überhaupt des Schriftgebrauchs und der Schriftrezeption - übrigens in großer Einmütigkeit und Eindeutigkeit - fest?

3. Beobachtungen zum gegenwärtigen Schriftgebrauch im kirchlichen Kontext

Es ist landläufig bekannt: Bei der Mehrheit der Menschen, die die Volkskirchen in Deutschland durch ihre Angebote zu erreichen versuchen, besteht eine erhebliche Distanz zur biblischen Überlieferung. Und dies in einer mindestens doppelten Hinsicht: Zum einen löst schon allein die Semantik »Bibel, biblisch« kein Wohlgefallen aus. Spontane Assoziationen gehen in die Rich-

---

[8] Vgl. Aufgaben und Grenzen kirchlicher Äußerungen zu gesellschaftlichen Fragen (1970), in: Die Denkschriften der Evangelischen Kirche in Deutschland 1/1, Gütersloh 1978, 43-76.

[9] Vgl. exemplarisch für diese evangelikale Position und die darin vertretene »heilsgeschichtliche Exegese« HELGE STADELMANN, Evangelikales Schriftverständnis. Die Bibel verstehen - Der Bibel vertrauen - Der Bibel folgen, Muldenhammer 2005; sowie DERS./THOMAS RICHTER, Bibelauslegung praktisch. In zehn Schritten den Text verstehen, Witten 2013.

tung »überholt«, »nicht lebensrelevant«, »Märchenbuch«. Zum anderen erwartet sich offenbar nur der allergeringste Teil von Befragten irgendeine Orientierungskraft für die eigene Lebensführung. Welche Studie der jüngeren Zeit man auch heranzieht, so ähneln sich doch die Ergebnisse:[10] Am ehesten greifen noch die Generationen der Eltern und Großeltern zur Bibel. Die junge Generation hat sich offenbar bis auf eine kleine Minderheit von der Tradition der Bibellektüre verabschiedet, so dass hier grundsätzlich von einer Bibelvergessenheit, und dies wohl nicht nur unter der kommenden Generation von jungen Erwachsenen zu sprechen ist.

Die Frage nach einer möglichen Anknüpfung stellt sich beim größten Teil potentieller Rezipienten kaum, sondern deren Wahrnehmung ist stark von Widerspruch, gänzlicher Unkenntnis oder schlichtem Desinteresse gekennzeichnet[11] – ganz zu schweigen von einem deutlichen Defizit an *religious literacy* im Sinn religiöser »Literalität«.

Diese eher populären Ergebnisse der kognitiven und emotionalen Distanz zur Bibel werden auch von Seiten der empirischen praktisch-theologischen Forschung bestätigt. So zeigen Ergebnisse der aktuellen Europäischen Konfirmandenstudie beispielsweise, dass sich Jugendliche in diesem Alter jedenfalls von sich aus nicht in ein bewusstes Verhältnis zu diesem Medium setzen bzw. davon keine für sie lebensrelevante Orientierung erwarten.[12]

Offenbar ist die Bibel inzwischen inmitten religiöser Praxis zum fremden Medium geworden und deren Kerngehalte sind im wahrsten Sinn des Wortes kaum noch zu vermitteln. Übrigens zeigt sich auch im Bereich kirchlicher und schulischer Bildungskontexte auch bei den Bildungsverantwortlichen selbst eine deutliche Zurückhaltung, wenn es darum geht, biblische Überlieferung explizit in Bildungs- und Kommunikationsvorgänge einzuspielen.

---

[10] Glaubt man einer Studie des Instituts Allensbach schon im Jahr 2005, so lasen damals fast zwei Drittel der Deutschen nie in der Bibel. Ein Viertel schlug die Heilige Schrift selten auf. Lediglich vier Prozent studierten das Wort Gottes häufig und neun Prozent hin und wieder, vgl. Allensbacher Berichte, Institut für Demoskopie Allensbach, 2005/Nr. 20 (November 2005), IfD-Umfrage 7074, August 2005, URL: http://www.ifd-allensbach.de/ uploads/tx_reportsndocs/prd_0520.pdf (Stand: 21.1.2014).

[11] Das Institut fragte auch nach der Bibelkenntnis der Deutschen. Am bekanntesten sind danach die Geschichten von der Geburt Christi (88 Prozent), von David und Goliath (74 Prozent), dem Verrat Judas' und dem letzten Abendmahl Jesu (jeweils 70 Prozent). Für regelmäßige Bibelleser bekannte Inhalte sind nur noch einer Minderheit der Bevölkerung geläufig. Dazu gehören die Gleichnisse vom Barmherzigen Samariter (bei 48 Prozent bekannt) und vom Verlorenen Sohn (45 Prozent), die Auferweckung des Lazarus (32 Prozent/neun Prozent bei den Jüngeren) oder die Geschichte des Propheten Jona (30 Prozent), a.a.O.

[12] Vgl. FRIEDRICH SCHWEITZER/WOLFGANG ILG/HENRIK SIMOJOKI (Hrsg.), Confirmation Work in Europe. Empirical Results, Experiences and Challenges. A Comparative Study in Seven Countries, Gütersloh 2010.

Die explizite Bezugnahme auf biblische Überlieferung - möglicherweise auch deren theologischer Tiefensinn - geraten in der gegenwärtigen kirchlichen Praxis vielleicht abgesehen vom unmittelbar gottesdienstlichen Geschehen aus dem Blickfeld. Und es hat den Anschein, als ob der Bezug auf die Bibel nicht nur unter den Gebildeten unter ihren Verächtern der gleichen leicht spöttischen Kritik unterliegt wie die Bezugnahme auf kaum noch für satisfaktionsfähig gehaltene dogmatische Inhalte.

Auch aktuelle Kirchenreformdebatten kommen in weiten Teilen ohne hermeneutische Reflexion auf die Frage des Schriftbezugs aus und reduzieren diese auf einige wenige ekklesiologische Standardreferenzen wie die Labels des »Priestertums aller Gläubigen«, der Gemeinde als »Volk Gottes« oder die Rede vom Ideal apostolisch-urgemeindlicher solidarischer »Dienstgemeinschaft« - all dies ohne nähere exegetische oder hermeneutische Reflexion.

Ob es angesichts gegenwärtiger Bibelvergessenheit hilft, wenn das EKD-Impulspapier »Kirche der Freiheit« seinerzeit formuliert: »Es sollte eine Verständigung über die zwölf wichtigsten biblischen Geschichten, die zwölf wichtigsten evangelischen Lieder, die zwölf wichtigsten Gebete geben, die Gemeinsamkeit und Beheimatungskraft zugleich ausstrahlen«,[13] wäre noch weiter zu fragen. Möglicherweise handelt es sich bei dieser »eisernen Ration an Bibelwissen« doch eher um einen verzweifelten, mehr trocken-, als schwarzbrotartigen Rettungsversuch. Ganz abgesehen davon, dass bei solchen Zitationsversuchen, so M. Oeming, »eine lehrmäßige Geschlossenheit des biblischen Zeugnisses« vorgegaukelt wird, die so nicht existiert.[14]

Es zeigt sich somit, dass für die Praktische Theologie und deren Deutungsaufgabe religiöser Praxis erst einmal gar nicht die Frage der Schriftgemäßheit an erster Stelle der Problemlage steht, sondern ganz grundsätzlich die Frage des verbreiteten Schriftverständnisses. Tatsächlich reflektiert sich diese Gebrauchsdistanz gegenüber der Bibel auch in der praktisch-theologischen Arbeit der vergangenen Jahrzehnte: Die interdisziplinäre Orientierung der Praktischen Theologie richtete sich seit Beginn der empirischen Wende der 60er Jahre, wohl abgesehen vom Bereich der Homiletik, je länger desto weniger dezidiert auf theologisch-schrifthermeneutische Fragen aus. Der deutliche Fokus auf pädagogische, psychologische, soziologische oder kulturwissenschaftliche Bezüge hat auch von Seiten der Praktischen Theologie aus nur zu sehr wenigen hermeneutischen Grundsatzdebatten geführt - man könnte es für diesen Kreis noch präziser und deprimierender sagen: Eine Rezeption Bultmanns und der neueren theologisch-hermeneutischen Debatten stellt über

---

[13] Kirche der Freiheit. Perspektiven für die evangelische Kirche im 21. Jahrhundert. Ein Impulspapier der EKD, Hannover 2006, 79.

[14] Vgl. MANFRED OEMING, Biblische Hermeneutik. Eine Einführung, Darmstadt [4]2007, 142.

das vergangene halbe Jahrhundert hinweg kein Kerngeschäft der Praktischen Theologie dar.

4. Praktisch-theologische Gegenwartstendenzen eines »biblical turn«

Inmitten dieser Phänomene deutet sich nun seit einigen Jahren mindestens in einer Reihe von praktisch-theologischen Disziplinen ein interessanter »biblical turn« an: Die Frage nach der Schrift und der hermeneutische Rekurs auf die biblische Überlieferung ist gegenwärtig als eine stetig deutlicher werdende Perspektive innerhalb der Disziplin auszumachen. Signiert wurde diese Entwicklung nicht zuletzt durch mehrere Beiträge Helmut Schwiers seit Mitte der 2000er Jahre, in denen sehr deutlich dieser Aufmerksamkeitswechsel markiert ist.[15] So gelangt Schwier zu der Folgerung: »Die in wissenschaftlicher Auseinandersetzung gebildete hermeneutische Kompetenz ist für Kirche, Schule und Öffentlichkeit notwendig, um die Bibel und ihre Botschaft zu verstehen, sie in säkularen, interreligiösen und ökumenischen Dialogen vertreten zu können [...] und sie als Orientierung, Vergewisserung und Erneuerung mit Einzelnen, in Gruppen, Gemeinden und Kirchen privat und öffentlich zu kommunizieren«.[16]

Es ist nun in systematischer Hinsicht insbesondere Christian Grethlein, der durch sein Forschungsprogramm unter dem altbekannten Titel der »Kommunikation des Evangeliums« die Bibel als entscheidende Bezugsgröße für die Theoriebildung und Praxis herausstellt. Genauer spricht er vom Evangelium, und meint dabei ein Übertragungs- und Speichermedium, in dem sowohl ergebnisoffene wie abgeschlossene Interaktionen manifest werden.[17] Eine solche Kommunikation des Evangeliums manifestiere sich in den Modi von Lehren bzw. Lernen, gemeinschaftlichen Feierns und Helfens zum Leben.[18] Das »Evangelium« habe seinen entscheidenden Grundimpuls vom »Wirken und Geschick Jesu von Nazaret«[19] und seiner Reichgottesbotschaft her

---

[15] Helmut Schwier, Praktische Theologie und Bibel, in: Christian Grethlein/Helmut Schwier (Hrsg.), Praktische Theologie. Eine Theorie- und Problemgeschichte, Leipzig 2007, 237–287.

[16] Helmut Schwier, Art. Bibel, in: Wilhelm Gräb/Birgit Weyel (Hrsg.), Handbuch Praktische Theologie, Gütersloh 2007, 214–226, hier 224.

[17] Christian Grethlein, Praktische Theologie, Berlin/Boston 2012, 169.

[18] A.a.O., 165f.

[19] A.a.O., 158.

erhalten und führt deshalb, so Grethlein, »in die Mitte christlichen Glaubens«.[20]

Man kann also durchaus davon sprechen, dass es hier zu einer kommunikationstheoretisch neubelebten Orientierung an biblischer Überlieferung und damit zu einem wesentlichen Neuanstoß für eine biblisch-hermeneutische Debatte innerhalb der Praktischen Theologie kommt. Auch wenn nicht verhehlt werden soll, dass in Grethleins umfangreicher Praktischer Theologie lediglich eine einzige und dazu noch eminent historische Reminiszenz an Bultmann aufzufinden ist.[21]

Wie auch immer – die in jüngster Zeit wieder verstärkte Arbeit an der biblischen Überlieferung könnte darauf schließen lassen, dass über die bisherigen religions- und kulturhermeneutischen Fragestellungen hinaus eine hermeneutisch orientierte Theologie als Bezugswissenschaft der Praktischen Theologie für die Deutung gelebter Religion überhaupt wieder stärker in das Blickfeld tritt.

Diese erhöhte Aufmerksamkeit auf das religionshermeneutische Deutungspotential biblischer Überlieferung zeichnet sich tatsächlich schon seit einiger Zeit in verschiedenen Disziplinen der Praktischen Theologie ab: Exemplarisch findet sich im Bereich der Religionspädagogik eine solche unübersehbare Neukonjunktur, nachdem bereits Mitte der 90er Jahre vor allem durch Ingo Baldermann und einen wegweisenden Aufsatzband[22] für eine Wiedergewinnung der theologisch-hermeneutischen Perspektive für die Bibelrezeption plädiert wurde.[23]

Das von Mirjam und Ruben Zimmermann herausgegebene Handbuch der Bibeldidaktik spricht zu Recht von der Bibel als »Bildungsgegenstand«,[24] als »Lehrmedium«[25] sowie als Katalysator umfassenden kognitiven, emotionalen und affirmativen Lernens im Bedingungsfeld von Subjekt, biblischem Gegenstand und Prozess.[26] Die Rede ist von »vielfältigen Sinnperspektiven eines Textes«,[27] komplexen Wirklichkeitskonstruktionen der Rezipientinnen und Rezipi-

---

[20] A.a.O., 8.

[21] Vgl. a.a.O., 57.

[22] GODWIN LÄMMERMANN/CHRISTOPH MORGENTHALER u.a. (Hrsg.), Bibeldidaktik in der Postmoderne, Stuttgart 1999.

[23] Vgl. INGO BALDERMANN, Einführung in die biblische Didaktik, Darmstadt 1996.

[24] MIRJAM ZIMMERMANN/RUBEN ZIMMERMANN (Hrsg.), Handbuch Bibeldidaktik, Tübingen 2013, 1.

[25] A.a.O., 2.

[26] Vgl. a.a.O., 4f.

[27] So in Aufnahme des bereits genannten Werkes von LÄMMERMANN/MORGENTHALER u.a. (Hrsg.), Bibeldidaktik (s. Anm. 22), 9.

enten und einer Vielfalt von Vermittlungs- und Rezeptionsperspektiven, woraus sich ein »facettenreiches Spiel an Sinnmöglichkeiten«[28] ergebe.

Biblische Texte, so in anderen Studien Martina Kumlehn[29] oder Michael Fricke[30], sollen als Lebenstexte interpretiert und im Kontext religiöser Bildung zur Sprache kommen. Carsten Gennerich spricht jüngst von der Bibel als Medium der Identitätsbildung und betont für den jeweiligen Rezipienten deren Potential für individuelle Zielsetzungen, Selbstwert, Kontrolle und Kohärenz.[31]

Interessanterweise – das nur nebenbei bemerkt – verzeichnet das Medium der Kinderbibel eine ausgesprochene Forschungskonjunktur, die diese als Interpretamente der jeweiligen Zeit herausarbeitet und für die Gegenwart fruchtbar zu machen sucht.[32]

Interessanterweise sind bibeldidaktisch die intensivsten Literaturproduktionen auf katholischer Seite im Gange (vgl. MIRJAM SCHAMBECK, Bibeltheologische Didaktik. Biblisches Lernen im Religionsunterricht, Göttingen 2009; B. Porzelt; R. Englert, A. A. Bucher), programmatisch hier die 2010 erschienene Habilitationsschrift von Markus Tomberg ›Religionsunterricht als Praxis der Freiheit. Überlegungen zu einer religionsdidaktisch orientierten Theorie gläubigen Handelns‹.

Im Bereich der Kirchentheorie deutet sich ebenfalls etwa im Werk Uta Pohl-Patalongs und Eberhard Hauschildts eine stärkere hermeneutische Auseinandersetzung mit ekklesiologischen Grundfragen an.[33] Pastoraltheologisch nimmt die Frage nach der hermeneutischen Kompetenz an Fahrt auf – vermutlich auch gerade angesichts der im vergangenen Jahrzehnt deutlich verengten funktionalen Professionsbeschreibungen des Pfarrberufs.

Und vielleicht ist es kein Zufall, dass nun eben das aktuelle Deutsche Pfarrerblatt die Frage nach der biblischen Überlieferung und nach der Bibel

---

[28] A.a.O., 10.

[29] Vgl. MARTINA KUMLEHN, Geöffnete Augen – gedeutete Zeichen. Historisch-systematische und erzähltheoretisch-hermeneutische Studien zur Rezeption und Didaktik des Johannesevangeliums in der modernen Religionspädagogik, Berlin/New York 2007.

[30] Vgl. MICHAEL FRICKE, ›Schwierige Bibeltexte‹ im Religionsunterricht. Theoretische und empirische Elemente einer alttestamentlichen Bibeldidaktik für die Primarstufe, Göttingen 2005.

[31] Vgl. CARSTEN GENNERICH, Bibel als Medium der Identitätsbildung, in: ZPT 66 (2014), 35–45.

[32] Vgl. hier schon RUTH B. BOTTIGHEIMER, The Bible for Children. From the Age of Gutenberg to the Present, Yale 1996; sowie die in den vergangenen 15 Jahren erschienenen thematischen Bände zur Kinderbibelforschung, zuletzt THOMAS SCHLAG/ROBERT SCHELANDER (Hrsg.), Moral und Ethik in Kinderbibeln. Kinderbibelforschung in historischer und religionspädagogischer Perspektive, Göttingen 2011.

[33] Vgl. EBERHARD HAUSCHILDT/UTA POHL-PATALONG, Kirche, Gütersloh 2013.

als »ein wichtiges Kapitel der universalen menschlichen Wahrnehmungsgeschichte Gottes«[34] aufnimmt.

So scheint es, als ob Ernst Langes einstmaliger homiletisch gemeinter Aufruf zur »Verständigung mit dem Hörer über die gegenwärtige Relevanz der christlichen Überlieferung«[35] gegenwärtig zu einer deutlich intensiveren Beschäftigung mit eben jener Überlieferung führen könnte. Insofern sei die recht verstandene Rede von einem *biblical turn* mindestens hier einmal eingespielt.

Gerade dann stellt sich nun aber die Frage nach der Bibel als Richtschnur bzw. nach der Schriftgemäßheit umso dringlicher. Und hierfür scheint mir nun das Begriffspaar »Anknüpfung und Widerspruch« aus verschiedenen Gründen fruchtbar zu sein:

5. Anknüpfung und Widerspruch: Theologisch-hermeneutische Orientierungen

Die Frage nach »Anknüpfung und Widerspruch« als Problem der Praktischen Theologie hat A. Grözinger schon vor 30 Jahren markiert. Damit sollte die Auseinandersetzung zwischen Karl Barth und Emil Brunner in der Frage der Natürlichen Theologie und der Offenbarungswahrheit als Grundproblem der Praktischen Theologie gleichsam auf den doppelten Begriff gebracht werden.[36] Für die praktisch-theologische Theoriebildung, so Grözinger, bestehe die Aufgabe in der Bearbeitung der Spannung zwischen der »unverfügbaren Freiheit des Wortes und des Handelns Gottes und jeglicher menschlich-methodischer Bemühung darum«.[37] Es geht damit um nicht weniger als die Frage, woran eigentlich alle Homiletik, Pädagogik oder Poimenik im Menschen selbst als Anknüpfungspunkt anknüpfen kann[38] bzw. ob von so etwas wie einer irgendwie gearteten Offenbarungsmächtigkeit des Menschen[39] ausgegangen werden könne. Grözingers seinerzeitige dialektische Fassung von Anknüpfung und Widerspruch wird uns im Weiteren noch beschäftigen.

Das Begriffspaar von Anknüpfung und Widerspruch spielt aber nun bekanntermaßen schon in Bultmanns eigenem Schrifttum eine wesentliche Rolle und erscheint als Titel eines 1946 in der Theologischen Zeitschrift veröffent-

---

[34] Vgl. SEIBT, Allein die Schrift (s. Anm. 1), 76.

[35] Vgl. ERNST LANGE, Zur Theorie und Praxis der Predigtarbeit, in: DERS., Predigen als Beruf, hrsg. v. RÜDIGER SCHLOZ, Stuttgart/Berlin 1976, 9–51.

[36] Vgl. ALBRECHT GRÖZINGER, Anknüpfung und Widerspruch als Problem der Praktischen Theologie, in: Theologia Practica 19 (1984), 239–249.

[37] A.a.O., 240.

[38] Vgl. a.a.O., 241.

[39] Vgl. a.a.O., 244.

lichten Aufsatzes. Daran sei nun kurz erinnert – und dies keineswegs primär aus Gründen historischer Reminiszenz:

So heißt es dort: »Gottes Handeln am Menschen durch sein Wort hat freilich keinen Anknüpfungspunkt im Menschen oder im menschlichen Geistesleben, an den sich Gott akkommodieren müßte. Gottes Handeln macht den Menschen, den es lebendig machen will, vorher zunichte«.[40] Sehr viel eindeutiger kann kaum formuliert werden, wenn Bultmann weiter schreibt: »Gottes Handeln ist Widerspruch gegen den Menschen, gerade auch gegen den Menschen in seiner Religion, in der er sich gegenüber der bedrängenden Welt sichern und behaupten, in der er seine Sorgen und Ängste beschwichtigen will«.[41]

Bei dieser Negation bleibt es nun aber bekanntermaßen keineswegs: Gerade in diesem Widerspruch wird, so Bultmann, der entscheidende Anknüpfungspunkt »geschaffen oder besser: aufgedeckt«: »Die Sünde des Menschen ist der Anknüpfungspunkt für das widersprechende Wort von der Gnade«.[42] »Der Mensch in seiner Existenz, als ganzer, ist der Anknüpfungspunkt«.[43] Aber auch hier wird vor falschem Verständnis gewarnt: Es geht nicht um die »Idee des Menschen als Herr seiner Innerlichkeit«, sondern um den unbedingten Widerspruch zu einer solchen religiösen Auffassung. Erst in diesem Widerspruch wird die »Freiheit der Freiheit von sich selbst«,[44] in der Christus »in ihm ein neues Ich«[45] ist, möglich. Der Mensch ist dann neu geworden für Gottes Anspruch (Röm 6,11) und die Welt wird wieder als Gottes Schöpfung sichtbar. Und gerade dies muss in die dem Menschen verständliche Sprache übersetzt werden, wofür die Sprache des Menschen selbst der Anknüpfungspunkt ist.[46]

Nun stellt sich die Frage, wie diese existentiale Perspektive Bultmanns für die praktisch-theologische Aufgabe, ein Verstehen der Schrift inmitten der postmodern-pluralen Verhältnisse zu ermöglichen, konstruktiv fruchtbar gemacht werden kann?

Dafür will ich im Folgenden für eine anthropologisch-theologische Orientierung entlang der Rede von menschlicher Freiheit werben.

----

[40] Rudolf Bultmann, Anknüpfung und Widerspruch (1946), in: Ders., Glauben und Verstehen. Gesammelte Aufsätze Bd. II, Tübingen 1952, 119.

[41] Ebd.

[42] A.a.O., 120.

[43] A.a.O., 120f.

[44] A.a.O., 125.

[45] Ebd.

[46] A.a.O., 121.

6. Die praktisch-theologische Perspektive des freiheitlichen Schriftgebrauchs

Um hier nochmals einen hermeneutischen Doublebind zu markieren: Bisher habe ich mir bereits erhebliche Freiheit in der Darstellung und die Freiheit zur Orientierung des Lesenden genommen - während Sie sich die Freiheit des Lesens oder Überlesens und damit der produktiven Rezeption genommen haben. Ein solches wechselseitiges Geschehen darf und soll nun durchaus in seiner konzeptionellen Bedeutung für die ganze Aufgabe der Praktischen Theologie stehen.

Die Praktische Theologie sollte - so meine Setzung - ausgehen von einer anthropologischen Grundbestimmung des Menschen als eines auf Freiheit unbedingt angewiesenen und zur Freiheit hin strebenden Wesens. Alle menschliche Orientierung lebt vom individuellen Freiheitsgebrauch, von der Suche nach gelingender Identität und dem Leiden an versagter Freiheit. Entscheidend und schriftgemäß erscheint es mir, dem Menschen in jedem einzelnen Fall ein freiheitlich selbstermächtigendes Deutungspotential des eigenen Lebens zuzutrauen, durch dessen Vollzug sich dann auch die Überzeugungskraft der Schrift erweist und ereignet.

»Freiheit zu sich selbst«, so Christiane Tietz, »ist Zuwendung zu sich selbst, zu der der Mensch durch die Rechtfertigung befreit ist. Und sie vollzieht sich in Freiheit, weil der Mensch durch sie sich weder konstituieren will noch konstituieren muss«.[47] Der Glaubende, so fährt sie fort, konstituiert sich nicht in der Selbstannahme: »Er kann und soll aber das Konstituiertsein durch Gott in seinem Selbstverhältnis zur Geltung bringen«:[48] Somit lassen sich Freiheitszusage und Freiheitsaneignung als ein von Gott her ausgehendes relationales und dynamisches Grundgeschehen verstehen, wodurch sich auf Seiten des Menschen wesentliche Erkenntnis und die entsprechenden Handlungsoptionen erschließen können. Die Rede von einer Determiniertheit, sei sie nun neurowissenschaftlich oder magisch gefasst, verträgt sich mit einem solchen freiheitsbestimmten Menschenbild wohl kaum. Zugleich gilt nun aber wiederum, dass diese Freiheit zu allen Zeiten als ein Grenzbegriff zu verstehen ist, in dem nicht nur die Möglichkeiten, sondern auch die Begrenztheiten alles menschlichen Seins mitzudenken sind.

Oder um es in Formulierungen Bultmanns zu Joh 8,31f. (»Und ihr werdet die Wahrheit erkennen und die Wahrheit wird euch frei machen«) zu fassen: »Freilich ist die Freiheit vorgegeben, aber nicht in dem ursprünglichen Sein

---

[47] CHRISTIANE TIETZ, Freiheit zu sich selbst. Entfaltung eines christlichen Begriffs von Selbstannahme, Göttingen 2005, 168f.

[48] A.a.O., 168.

des Menschen, sondern durch Gottes Offenbarung, die dem Menschen im Wort als dem eschatologischen Ereignis begegnet«.[49] Entscheidend scheint mir nun, dass sich mit dieser Begegnung auf Seiten des Menschen selbst ein hoch intensives Beziehungs- und Aktivitätsverhältnis ergibt, oder wie Bultmann fortfährt: Da der Mensch »sich diese Freiheit im Glauben zu eigen macht, ist sein Freisein, als die von ihm angeeignete Freiheit, in seinem Freiwerden, als dem ergreifenden Glauben, begründet«.[50] B. Trocholepsky bringt diese Entscheidung Bultmanns in prägnanter Weise auf den Punkt: »Existenz erscheint als sich in ihrer Zeitlichkeit im Jetzt vollziehende Freiheit«.[51]

Ich führe die bisherigen Überlegungen zusammen: Die Dialektik von Anknüpfung und Widerspruch erfährt ihre Dynamik von diesem spezifischen Freiheitsverständnis her, das an den zeitlichen und menschenmöglichen Grenzen des Lebens seine Kontur gewinnt. Wenn gilt, dass »die wissenschaftliche Interpretation der Schrift [...] ihr Woraufhin in der Frage nach dem [in der Schrift zum Ausdruck kommenden] Verständnis der menschlichen Existenz«[52] findet, dann muss jegliches Verstehen der Schrift diese existentiell angeeignete Freiheit als konstitutive Größe allen Schriftgebrauchs – gar aller Offenbarungserkenntnis – miteinbeziehen.

7. Praktische Theologie als Freiheitslehre – Anknüpfungspunkte

Freiheit in einem solchen theologischen Sinn stellt also eine praktisch-theologische Grundkategorie zur Deutung jeglicher religiöser Praxis und Suche nach Verbindlichkeit dar.

Vor dem Horizont eines solchen theologisch-existentiellen Freiheitsbegriffs eröffnet sich eine Wirklichkeitsdeutung in der Perspektive des »etsi Deus daretur«. Von daher kann sich die Praktische Theologie als trinitätstheologisch fundierte Freiheitslehre verstehen bzw. als eine theologisch grundierte, anthropologisch orientierte interdisziplinäre Verbundwissenschaft – die im Übrigen ihre Wirklichkeitsdeutung durchaus öffentlich-kommunikativ und selbstbewusst vertreten sollte. In einer solchen Denkbewegung kann dann

---

[49] RUDOLF BULTMANN, Das Evangelium des Johannes (KEK 2), Göttingen [10/1]1986, 334.
[50] A.a.O., 334f.
[51] BERND TROCHOLEPSKY, Rechtfertigung und Seinsfrage. Anknüpfung und Widerspruch in der Heidegger-Rezeption Bultmanns, Freiburg u.a. 1991, 88.
[52] RUDOLF BULTMANN, Das Problem der Hermeneutik (1950), in: DERS., Glaube und Verstehen II (s. Anm. 40), 231f.

auch die Verbindung von Systematischer und Praktischer Theologie zum Ausdruck und gar die Einheit der Theologie zum Vorschein kommen.[53]

Was heißt dies nun für die Praktische Theologie? Nochmals Albrecht Grözinger in seinem programmatischen Auftakt zum damaligen eigenen ästhetischen Programm: »Der von Gott ausgehende Ruf zur Freiheit ist je und je konkret zu bezeugen. Deshalb kann und darf die Praktische Theologie auch keine Rezepte für richtiges Handeln ausstellen. Sie kann nur versuchen, die Rahmenbedingungen einer Praxis in der Dialektik von Anknüpfung und Widerspruch so präzis wie möglich zu bestimmen und zu beschreiben«.[54] Genau bei dieser Dialektik von Anknüpfung und Widerspruch wird es bleiben müssen und können.

8. Kirchenpraktische Konsequenzen

Kirchliche Praxis als Kommunikationsgeschehen in Hinsicht auf das Evangelium steht vor der Aufgabe, ihre Auslegungspraxis dadurch zu plausibilisieren, dass sich das Schrift-Verstehen auf Seiten des jeweiligen Subjekts selbst in seiner Lebensdienlichkeit erweist.

Die jüdisch-christliche Tradition, so Gerd Theißen, ist ein Weg, »im Dialog mit dem einen und einzigen Gott [...] Lebensgewinn zu erzielen«.[55] Schriftgemäßheit erweist sich entscheidend am Kriterium der Lebensdienlichkeit aller Auslegung. Die Frage der Schriftgemäßheit kann dann im modernen Gewand nur lauten: Das Schriftgemäße erfährt seine Deutung am Maß des Menschengemäßen. Schriftgemäßheit bemisst sich damit zuallererst darin, dass jede je individuelle Auslegung zu ihrem Recht kommen kann: Vorsicht ist somit geboten vor neuen Ontologisierungen unter dem Stichwort eines vermeintlich biblischen Reinheitsgebots, das bestimmte Überlieferungen für sakrosankt oder unantastbar hält.

Zugleich aber ist hier praktisch-theologisch immer wieder auf eine weitere faktische Grenze des Freiheitsgebrauchs und Freiheitsstrebens zu verweisen. Die Freiheit des Einzelnen hat ihre Grenze an der Freiheit und an der Individualität des Anderen. Schriftgemäßheit entfaltet sich folglich im wortwörtlichen Sinn durch die Wahrnehmung derjenigen Gesichtspunkte und Bedürfnisse, die vom Anderen her erschlossen und von uns entdeckt werden wollen.

Wie lassen sich Überlieferung und deren individuelle Deutung sinnvollerweise in kirchenpraktischen Prozessen des Schrift-Verstehens zusammendenken – ohne dass dabei der altbekannte Lessingsche Vorwurf laut wird,

---

[53] Vgl. OEMING, Biblische Hermeneutik (s. Anm. 14), 149.
[54] GRÖZINGER, Anknüpfung und Widerspruch (s. Anm. 36), 249.
[55] So zitiert bei POHL-PATALONG/HAUSCHILDT, Kirche (s. Anm. 33), 92.

dass die Auslegung der Schrift zur wächsernen Nase wird, die sich jeder nach Gutdünken gestaltet.[56]

Ich will abschließend drei praktisch-theologische Markierungen nur andeuten:

1. In kirchentheoretischer Hinsicht bringt ein solches Schrift-Verstehen die klare Absage an ekklesiologische Eindeutigkeiten und die damit oftmals verbundenen konversionsorientierten Gemeinschaftsbildungen mit sich. Gerade die Freiheit individueller Auslegung macht die Differenzierung zwischen Ideal- und Realbildern von Kirche unbedingt notwendig. Im Sinn des Prinzips »dialogischer selbstverantworteter Kommunikation im Austausch mit dem Wortlaut der Bibel« müssen sich alle verbalen und nonverbalen Kommunikationsformen der Kirche am Modell des Gesprächs orientieren.[57] Verbindlichkeit ergibt sich gerade und nur durch gemeinsame Sprachaktivitäten in kleineren Gruppen, insofern solche Gruppenaktivitäten eine sinnerschließende Rechtfertigung des eigenen Handelns mit sich bringen[58] und so ihrerseits zur Identitätsbildung beitragen. Hier sind übrigens die Forschungen und Ansätze der Kinder- und Jugendtheologie zu erwähnen, auch und gerade weil die damit verbundenen hermeneutischen Fragestellungen noch keineswegs bis ins Einzelne hinein durchdacht sind.
2. In religionspädagogischer Hinsicht gilt, dass die Verstehens-Arbeit mit biblischen Texten erheblich zu verstärken ist. Ein neues Lehrmittel zur Konfirmationsarbeit in der Schweiz unternimmt den durchaus eindrücklichen Versuch, hier sehr plurale und freie Zugangsweisen zu klassischen biblischen Texte gemäß jugendkultureller Verstehensvoraussetzungen zu implementieren.[59] Auch die Zugangsweise über den sogenannten Bibliolog hat ihre eigene, so anschauliche wie nachhaltige Bedeutung individuell-freier Annäherung an biblische Überlieferung. Kirchliche Bildungsarbeit sollte ohnehin und unbedingt die höchst unterschiedlichen Wahrnehmungs- und Verstehensvoraussetzungen im Blick auf das Verstehen biblischer Texte befördern. Eine aktuelle Milieustudie zeigt, bei aller wissenschaftstheoretischen Problematik, doch höchst eindrücklich am Beispiel der Rezeption des Gleichnisses vom Verlorenen

----

[56] »Daß Sie lieber den Originaltext des neuen Testaments für eine wächserne Nase erklären, als einen Widerspruch in ihm zugeben wollen, der von ganz und gar keiner Erheblichkeit ist«, Gotthold Ephraim Lessing, Philosophie und Theologie Werke VI, 388, zit. bei Jörg Lauster, Prinzip und Methode. Die Transformation des protestantischen Schriftprinzips durch die historische Kritik von Schleiermacher bis zur Gegenwart, Tübingen 2004, 26.

[57] Vgl. Pohl-Patalong/Hauschildt, Kirche (s. Anm. 33), 26.

[58] Vgl. Gennerich, Bibel als Medium (s. Anm. 31), 40.

[59] Vgl. Konf. Wir leben in Beziehungen. Arbeitshilfe Konfirmation, hrsg. v. Reformierte Kirche Kanton Zürich, Zürich 2014.

Sohn, wie entscheidend und plural die jeweiligen Interpretationsakte faktisch beschaffen sind.[60] »Gott« ist »Wort unserer Sprache« und kann gerade deshalb zugleich mit anderen in gemeinsamer sprachlicher Interaktion auf Augenhöhe geteilt werden.

3. In kirchenpraktisch-ethischem Sinn bzw. im Sinn einer öffentlichen Kirche ist der produktive ethische Diskurs – man denke nur an den bereits angedeuteten Streit um Familien- und Lebensformen – unbedingt zu befördern. Es gehört zum Aspekt der Schriftgemäßheit, im Prozess solchen Schrift-Verstehens Freiheit als geschenkte und zugesprochene Freiheit nicht nur jeweils neu zu entdecken, sondern auch entsprechend öffentlich zu kommunizieren. Anknüpfung und Widerspruch sind hier um des Menschen willen zu pflegen, nicht zuletzt im Sinn des Widerspruchs gegen freiheitslimitierende Verhältnisse und Menschenbilder.
   Pastoraltheologisch gesehen scheint es ohnehin an der Zeit zum praktisch-theologischen Paradigmenwechsel: Vom einstmaligen Zeugen über den analytischen Beobachter bis hin zum professionellen Moderator sind verschiedene Wege gegangen worden und dies nicht immer in einer für alle Beteiligten beglückenden Form. Es dürfte höchste Zeit für den theologisch profilierten Deuter bzw. die theologisch profilierte Deuterin des religiösen Lebens in seiner ganzen Fülle sein.

Um abschließend an den Anfang zu erinnern: Die Annäherung an die Schrift kann sich zweifelsohne durch die Plastizität und Aktualität eines architektonischen Ecksteins wie in der anfangs genannten Amandus-Kirche ergeben und erschließen – diskurseröffnende Anknüpfungsfähigkeit entsteht durch theologisch-reformatorische Traditionspräsenz in Bild, Wort, Begehung und Begegnung.

Die Erschließungskraft und Faszination biblischer Überlieferung als kritischer Richtschnur ergibt sich dabei zu allererst durch mitmenschliche Anschaulichkeit und Aufmerksamkeit für den je Anderen – und dies in aller angeeigneten Freiheit produktiver Rezeption und rezeptiver Produktion.

---

[60] Vgl. Milieustudie zh.ref.ch. lebensweltliche, religiöse und kirchliche Orientierungen im Kanton Zürich, hrsg. v. Evangelisch reformierte Landeskirche des Kantons Zürich, Zürich 2012.

Bibliographie Walter Schmithals 2003 – 2009

Bearbeitet von Bernd Wildemann und Eckard Plümacher

Walter Schmithals (* 14. Dezember 1923) war Professor für Neues Testament an der Kirchlichen Hochschule Berlin und Professor Emeritus an der Theologischen Fakultät der Humboldt-Universität zu Berlin.

Die Bibliographie der vorausgehenden Jahre 1952 - 2002 ist an folgenden Orten erschienen:

1952 - 1982	in: Walter Schmithals, Bekenntnis und Gewissen. Theologische Studien zur Ethik. Zum 60. Geburtstag hrsg. v. H.-E. Hess und B. Wildemann, Berlin 1983, 185–208; Nr. 1–468.
1983 - 1992	in: ThLZ 118 (1993), Sp. 1089–1095; Nr. 469–797.
1993 - 2002	in: Paulus, die Evangelien und das Urchristentum. Beiträge von und zu Walter Schmithals zu seinem 80. Geburtstag hrsg. v. C. Breytenbach, Leiden u.a. 2004, 805–814; Nr. 798–928.

Die Abkürzungen folgen dem Abkürzungsverzeichnis der Theologischen Realenzyklopädie, Berlin [2]1994.

Die in der Bibliographie verwendeten Kennbuchstaben bedeuten:

A Selbständige Veröffentlichungen
B Aufsätze und Vorträge
C Lexika usw.
D Rezensionen
E Meditationen und Betrachtungen
F Herausgeber
G Sonstiges

2003

929 B
Zum Gedenken an Wolfgang Müller-Lauter. Zum ersten Jahrestag seines Todes, in: Nietzscheforschung. Jahrbuch der Nietzsche-Gesellschaft, Bd. 10, Ästhetik und Ethik nach Nietzsche, hrsg. v. R. RESCHKE und V. GERHARDT, Berlin 2003, 319-326.

930 B
So oft wir auch essen, wir werden nicht einig. Das gemeinsame Abendmahl ist theologisch unmöglich, in: Frankfurter Allgemeine Zeitung, 9.08.2003, 32.

931 D
P. J. Gräbe, The power of God in Paul's letters (WUNT 2/123), Tübingen 2000, in: HTS Teologiese Studies / Theological Studies 59 (2003), 271-273.

932 E
[Andachten 20. - 26. Juni 2004], in: Brot für den Tag, Berlin [14 ungezählte Seiten].

2004

933 B
Identitätskrise bei Lukas und anderswo?, in: C. BREYTENBACH/J. SCHRÖTER (Hrsg.), Die Apostelgeschichte und die hellenistische Geschichtsschreibung. Festschrift für Eckhard Plümacher zu seinem 65. Geburtstag (AGJU 57), Leiden u.a., 223-251.

934 B
Ökumene: Abendmahl und Amt, in: Christliches ABC heute und morgen, Gruppe 4, Ökumene, 159-173.

935 B
Utopie und Hoffnung, in: Christliches ABC heute und morgen, Gruppe 4, Hoffnung, 17-34.

936 B
Nicht die Juden, Gott selbst hat Christus ausgeliefert. Mel Gibson muss den Antisemitismus-Vorwurf nicht fürchten. Problematisch ist aber die unhistorische Bibellektüre des Fundamentalisten, in: Die Zeit, 26.02.2004, 42. (Erschien ergänzt auch in: Berliner Figuralchor e. V., Johann Sebastian Bach,

Matthäuspassion, BWV 244, 29.03.2004, Kammermusiksaal der Philharmonie [Programmheft, 2f. ungezählt].)

937 B
Gewaltverherrlichung ist der Bibel fremd!, in: Die Zeit, 25.03.2004, 38.

938 D
Rudolf Bultmann – Friedrich Gogarten. Briefwechsel 1921 – 1967, hrsg. v. H.G. GÖCKERITZ, Tübingen 2002, XLIV, 358 S., in: ThRv 100 (2003), 417–420.

939 D
A. H. J. Gunneweg, Die Schrift kommt zu Wort. Predigten, hrsg. v. M. OEMING, Stuttgart 2002, 144 S., in: Hessisches Pfarrblatt 1 (2004), 28f.

940 E
[Andachten 10. bis 15.01.2005], in: Brot für den Tag, Berlin [12 ungezählte S.].

2005

941 B
Der Kanon, die apostolische Sukzession und die Ökumene, in: BThZ 22 (2005), 267–283.

942 B
Wie christlich ist Europa? Zum spannungsvollen Verhältnis von Christentum und Islam, in: Evangelische Verantwortung, Juli/August, 1f.; 4–6; 8–12. (Daraus der 2. Teil, die Seiten 6.8–12, unter der Überschrift »Zum spannungsvollen Verhältnis von Christentum und Islam. Euro – Islam?«, in: Deutsches Adelsblatt 44 (15.08.2005) 8, 198–201.

943 B
Europa – kein »Christenclub«? Überlegungen angesichts kritischer Äußerungen des türkischen Ministerpräsidenten. Teil 1, in: Evangelisches Sonntagsblatt aus Bayern 35 (4.09.2005), 11; Teil 2, in: a.a.O. 36 (11.09.2005), 8.

944 E
[Andachten 18. – 24. Juni 2006], in: Brot für den Tag, Berlin [14 ungezählte Seiten].

2006

945 A
Weihnachten. Seine Bedeutung für das ganze Jahr, Göttingen, 154 S.

946 B
Islamischer Terror und der »Westen«. Über den »Trotz« als inneren Grund des Terrorismus, in: Evangelisches Sonntagsblatt aus Bayern 18 (7.05.2006), 11.

947 B
Verschwörungstheorien liegen daneben. Das Judasevangelium in der Sicht eines Neutestamentlers, in: a.a.O. 25 (25.06.2006), 8.

948 B
Petrus und der Vatikan. Geschichtliche Überlegungen eines Neutestamentlers, in: a.a.O. 35 (3.09.2006), 8.

949 B
Die »apostolische Sukzession« und die Ökumene. Überlegungen eines Neutestamentlers zum katholischen Amtsverständnis, in: a.a.O. 37 (17.09.2006), 6.

950 B
Wie erklärt sich die islamische Empfindlichkeit? Dass Moslems sich schnell betroffen fühlen, bedingt sich aus der Geschichte, in: a.a.O. 42 (22.10.2006), 6.

951 B
Es begab sich aber zu der Zeit. Wie lassen sich die Evangelien datieren?, in: a.a.O. 50 (10.12.2006), 6.

952 B
Islam heißt Staatsreligion, in: Die Zeit, 9.02.2006, 47.

953 B
Islam tähendab riigiusku, in: Möte. Eesti päevalehe ühiskondlik - poliitiline ajakiri, 2.03.2006, 2f. (finnische Übersetzung von Nr. 952).

954 E
[Andachten 1. - 6.10.2007], in: Brot für den Tag, Berlin [12 ungezählte Seiten].

2007

955 B
Was bleibt vom christlichen Abendland? Die Frage nach Europas Identität, in: W. ZEHETMAIR (Hg.), Politik aus christlicher Verantwortung, Wiesbaden 2007, 224-236.

956 B
[Andachten 19. - 25.10.2008], in: Brot für den Tag, Berlin [14 ungezählte Seiten].

2008

957 A
Nuovo Testamento e Gnosi, Edizione italiana a cura di Flavio Dalla Vecchia, Giornale di Teologia 335, Brescia, 312 Seiten. (Italienische Übersetzung von Nr. 516: Neues Testament und Gnosis)

958 B
Der Ausschluss der Christen aus der Synagoge, in: BThZ 25 (2008) 1, 169-198.

959 B
Das Messiasgeheimnis und die Spruchquelle, in: HTS Teologiese Studies / Theological Studies 64 (2008), 353-375.

960 B
Gottes Wort verstehen - Rudolf Bultmann und die hermeneutische Theologie, in: R. K. WÜSTENBERG (Hg.), »Nimm und lies!«. Theologische Quereinstiege für Neugierige, Gütersloh 2008, 196-214.

961 E
[Andachten 6. - 12.12.2009], in: Brot für den Tag, Berlin [14 ungezählte Seiten].

962 F
Karl Johann Philipp Spitta. Briefe an seine Braut (1836 - 1837). Aus Anlass des 150. Todestages des Dichters, Göttingen 2008.

2009

963 B
Zu Ignatius von Antiochien, in: Zeitschrift für Antikes Christentum 13 (2009), 181-203.

*

Walter Schmithals ist am 26. März 2009 in Berlin gestorben.

*   *   *

NACHRUFE AUF WALTER SCHMITHALS

J. HEISE, in: Deutsches Pfarrerblatt 5 (2009), 246.

A. LINDEMANN, in: Rudolf Bultmann (1884 - 1976) - Theologe der Gegenwart, hrsg. v. C. LANDMESSER und A. KLEIN, Neukirchen-Vluyn 2010, 127-135.

E. PLÜMACHER, in: Jahrbuch der Berliner Wissenschaftlichen Gesellschaft 2009, 47-49.

C. REHBEIN, in: Sonntagsblatt für evangelisch-reformierte Gemeinden, Leer/Ostfriesland, 17.05.2009.

B. WILDEMANN, in: Die Kirche. Evangelische Wochenzeitung (Berlin) 18 (2009), 6.

DERS., in: Treffpunkt Matthäus (Gemeindeblatt, Berlin) 4 (2009), 2.

Frankfurter Allgemeine Zeitung, 7.04.2009, 4.

Rotary Magazin 8 (2009), 113.

*   *   *

REQUIESCAT IN PACEM.

*

Die Autoren

Köhlmoos, Melanie, Dr. theol., geb. 1966,

Inhaberin des Lehrstuhls für Altes Testament, Fachbereich Evangelische Theologie, Goethe-Universität Frankfurt/Main. Promotion Universität Hamburg 1998 (Das Auge Gottes. Textstrategie im Hiobbuch [FAT 25], Tübingen 1999); Habilitation 2005, Universität Göttingen (Bet-El. Erinnerungen an eine Stadt. Perspektiven der alttestamentlichen Bet-El-Überlieferung [FAT 49], Tübingen 2005). Forschungsschwerpunkte: Methodik der alttestamentlichen Exegese, alttestamentliche Weisheit.

Veröffentlichungen (Auswahl): Ruth (ATD 9,3), Göttingen 2009; Altes Testament (UTB Basics 3460), Tübingen 2010; Kohelet (ATD 16,5), Göttingen 2014.

Landmesser, Christof, Dr. theol., geb. 1959,

seit Oktober 2006 Universitätsprofessor für Neues Testament an der Evangelisch-theologischen Fakultät der Eberhard Karls Universität Tübingen. Studium der ev. Theologie und Philosophie in München und Tübingen. 1988–1990 Vikariat in Tübingen, anschließend Assistentenzeit in Tübingen. Promotion 1998 und 2000 Habilitation an der Evangelisch-theologischen Fakultät in Tübingen. 2003–2006 Professor für Neues Testament an der Johannes-Gutenberg-Universität Mainz. Seit 2008 Vorsitzender des Vorstands der Rudolf-Bultmann-Gesellschaft für Hermeneutische Theologie.

Veröffentlichungen (Auswahl): Wahrheit als Grundbegriff neutestamentlicher Wissenschaft (WUNT 113), Tübingen 1999; Jüngerberufung und Zuwendung zu Gott. Ein exegetischer Beitrag zum Konzept der matthäischen Soteriologie im Anschluß an Mt 9,9–13 (WUNT 133), Tübingen 2001; gem. m. H.-J. Eckstein u. H. Lichtenberger (Hrsg.): Jesus Christus als die Mitte der Schrift. Studien zur Hermeneutik des Evangeliums (BZNW 86), Berlin 1997; gem. m. Chr. Helmer (Hrsg.): One Scripture or Many? Canon from Biblical, Theological, and Philosophical Perspectives, Oxford/New York 2004; gem. m. A. Grossmann (Hrsg.): Rudolf Bultmann – Martin Heidegger, Briefwechsel 1925–1975, Frankfurt/Tübingen 2009; gem. m. D. Dettinger (Hrsg.): Ehe – Familie – Gemeinde. Theologische und soziologische Perspektiven auf frühchristliche Lebenswelten, ABG 46, Leipzig 2014; gem. m. M. Bauspiess u. D. Lincicum (Hrsg.): Ferdinand Christian Baur und die Geschichte des frühen Christentums (WUNT 333), Tübingen 2014.

MUNSONIUS, Hendrik, OKR Dr. iur., M.Th., geb. 1973,

Studium der Rechtswissenschaften, Philosophie und Geschichte in Göttingen und Marburg; 1999 Erstes Juristisches Staatsexamen, 2001 Zweites Juristisches Staatsexamen; 2001-2006 Referent in der Kirchenverwaltung der Ev. Kirche in Hessen und Nassau; seit 2006 Referent im Kirchenrechtlichen Institut der Ev. Kirche in Deutschland, Göttingen; 2007-2010 berufsbegleitendes Studium der Ev. Theologie an der Universität Marburg; 2008 Promotion; 2010 Master of Theology.

Veröffentlichungen (Auswahl): Die juristische Person des evangelischen Kirchenrechts, Tübingen 2009; Gemeinde zwischen Lebenspraxis und Rechtsform, in: PrTh 46 (2011), S. 100-109; Die Funktion von Bekenntnissen in Kirchenverfassungen, in: MdKI 63 (2012), S. 3-7; Organisationsrechtliche Fragen der Theologie, hrsg. zus. m. HANS MICHAEL HEINIG und VIOLA VOGEL, Tübingen 2013; Quo vadis »Staatskirchenrecht«? Aktuelle Fragen an das Verhältnis von Staat und Kirche in Deutschland, DÖV 2013, S. 93-103; Ordination und Beauftragung, in: ZevKR 58 (2013), S. 159-176; Kirchliches Arbeitsrecht zwischen Glaube und Ökonomie, in: BThZ 30 (2013) S. 378-394; 100 Begriffe aus dem Staatskirchenrecht, hrsg. zus. m. HANS MICHAEL HEINIG, Tübingen 1. Auflage 2012, 2. Auflage 2015; Evangelisches Kirchenrecht. Grundlagen und Grundzüge, Tübingen 2015.

POPKES, Enno Edzard, Dr. theol., geb. 1969,

seit April 2010 Universitätsprofessor für Geschichte und Archäologie des frühen Christentums an der Theologischen Fakultät der Christian-Albrechts-Universität zu Kiel. Studium der Evangelischen Theologie und Philosophie in Hamburg und Tübingen, Promotion in München 2004; Habilitation in Jena 2007. Seit 2014 Mitglied des Vorstands der Rudolf-Bultmann-Gesellschaft für Hermeneutische Theologie.

Veröffentlichungen (Auswahl): Die Theologie der Liebe Gottes in den johanneischen Schriften. Studien zur Semantik der Liebe und zum Motivkreis des Dualismus (WUNT II 197), Tübingen 2005; Das Menschenbild des Thomasevangeliums. Untersuchungen zu seiner religionshistorischen und chronologischen Verortung (WUNT 206), Tübingen 2007; Der Krankenheilungsauftrag Jesu. Studien zu seiner ursprünglichen Gestalt und seiner frühchristlichen Interpretation (BThS 96), Neukirchen-Vluyn 2014; Das Herrenmahl. Ursprung und Kontexte/The Eucharist. Its Origins and contexts. Sacred Meal, Communal Meal, Table Fellowship, and the Eucharist: Late Antiquity, Early Judaism, and Early Christianity, 3 Bände; hrsg. von D. HELLHOLM/E. E. POPKES/D. SÄNGER/T. VEGGE/F. JOHN (WUNT), erscheint 2015.

SCHLAG, Thomas, Dr. theol geb. 1965,

seit 2005 Professor für Praktische Theologie an der Theologischen Fakultät der Universität Zürich.Studium der Evangelischen Theologie und Politikwissenschaften in Tübingen und München, Promotion 1996; 1996–2000 Vikariat und pfarramtliche Tätigkeit in Bad Boll und Mühlacker; 2000 bis 2004 Pfarrer und Studienleiter an der Evangelischen Akademie Bad Boll mit Schwerpunkt in der gesellschaftspolitischen Jugendbildung; seit 2005 Assistenzprofessor für Praktische Theologie an der Universität Zürich; seit 2011 ordentlicher Professor für Praktische Theologie an der Universität Zürich und Leiter des Zentrums für Kirchenentwicklung (ZKE) der Universität Zürich.

Veröffentlichungen (Auswahl): Horizonte demokratischer Bildung. Evangelische Religionspädagogik in politischer Perspektive, Freiburg/Basel/Wien 2010; Öffentliche Kirche. Grunddimensionen einer praktisch-theologischen Kirchentheorie, Zürich 2012; Aufmerksam predigen. Eine homiletische Grundperspektive, Zürich 2014; gem. m. RALPH KUNZ (Hrsg.), Handbuch für Kirchen- und Gemeindeentwicklung, Neukirchen-Vluyn 2014; gem. m. HENRIK SIMOJOKI (Hrsg.), Mensch–Religion–Bildung. Religionspädagogik in anthropologischen Spannungsfeldern, Gütersloh 2015.

SLENCZKA, Notger, Dr. theol., geb. 1960,

Professor für Systematische Theologie (Dogmatik und Religionsphilosophie) an der Theologischen Fakultät der Humboldt-Universität zu Berlin. Studium in Tübingen, München und Göttingen, Promotion (1990), Ordination (1996) und Habilitation (1997) in Göttingen. Lehrstuhlvertretungen in Mainz, Gießen und Tübingen, seit 1999 Professor für Systematische Theologie in Mainz, seit 2007 in Berlin. Mitherausgeber der KGA der Werke Schleiermachers. Forschungsinteressen: Theologische Existenzhermeneutik (Theologie als Phänomenologie der Emotionen); Theologiegeschichte der Neuzeit; Analyse des christlich-jüdischen Dialogs.

Veröffentlichungen (Auswahl): Der Tod Gottes und das Leben des Menschen, Göttingen 2003; ›Sich schämen‹. Zum Sinn und theologischen Ertrag einer Phänomenologie negativer Selbstverhältnisse, in: C. RICHTER (Hg.), Dogmatik im Diskurs, Leipzig 2014, 241–261; Cognitio hominis et Dei. Die Neubestimmung des Gegenstandes und der Aufgabe der Theologie in der Reformation, in: H. SCHILLING (Hg.), Der Reformator Martin Luther 2017 – eine wissenschaftliche und gedenkpolitische Bestandsaufnahme, München 2014, 205–231; Anthropology, in: R. KOLB u.a. (Hrsg.), The Oxford Handbook of Luther's Theology, Oxford 2014, 212–232; Problemgeschichte der Christologie, in: E. GRÄB-SCHMIDT u.a. (Hrsg.), Christologie (MJTh XXIII), Leipzig 2011, 59–111.

THEOBALD, Michael, Dr. theol., geb. 1948,
seit Oktober 1989 Universitätsprofessor für Neues Testament an der Katholisch-theologischen Fakultät der Eberhard Karls Universität Tübingen. Studium der Philosophie und römisch-katholischen Theologie an der Universität Bonn und an der Universität Münster; Promotion 1979 in Bonn; Habilitation 1985 in Regensburg; 1985 bis 1989 Professor für Biblische Theologie an der Freien Universität Berlin. Seit 1989 Mitherausgeber der Theologischen Quartalschrift. Mitglied der Deutschen Nationalakademie Leopoldina Halle, der Arbeitsgemeinschaft deutschsprachiger katholischer Neutestamentler (AGNT), der Society of Biblical Literature (SBL) wie der Societas Novi Testamenti (SNTS). Seit 2009 Vorsitzender des Katholischen Bibelwerks Stuttgart. 2014 Theologischer Preis der Salzburger Hochschulwochen.

Veröffentlichungen (Auswahl): Die überströmende Gnade. Studien zu einem paulinischen Motivfeld (FzB 22), Würzburg 1982; Die Fleischwerdung des Logos. Studien zum Verhältnis des Johannesprologs zum Corpus des 4. Evangeliums und zum 1. Johannesbrief (NA.NF 20), Münster 1988; Der Römerbrief. Wissenschaftliche Buchgesellschaft, Darmstadt 2000; Herrenworte im Johannesevangelium (HBS 34), Freiburg 2002; Das Evangelium nach Johannes (RNT), Regensburg 2009; Studien zum Corpus Iohanneum (WUNT 267), Tübingen 2010.